沼津・三島・富士

こだわりの美食GUIDE

至福のランチ&ディナー

ふじのくに倶楽部 著

Mates Publishing

沼津・三島・富士
こだわりの美食GUIDE
至福のランチ&ディナー

CONTENTS

本書の使い方

How to use

❹ 写真

実際にお店で料理を食べ、料理や店内などを撮りおろした写真です。写真の傍に説明が入れられなかったものに関しては、写真についている番号とリンクさせて内容を説明しています。

❶ 店名

取材に協力していただいたお店の正式名称を入れています。

❷ 料理のジャンル

お店でいただける料理を、おおまかなジャンルで色分けし、見やすくしています。

❸ おすすめのシチュエーション

「友人とカジュアルに」「家族のひとときに」「ハレの日や記念日に」「大切な人と2人で」「大人の時間を」の５つのシチュエーションに分けています。

❽ 外観

お店の外観や看板です。目印に使ってください。

❾ アクセスMAP

お店へ行くまでの地図を入れています。近道や目印のみを簡略化してあります。

❻ ショップDATA

店名、住所、電話番号、定休日、駐車場、URLなどを記載しています。またお店の詳しい情報として、座席数、予約の有無、クレジットカードが使えるかなどがここで分かります。

❺ おすすめMenu

ランチの時間帯に食べられる主なメニュー内容や、その他のおすすめメニュー、ディナー料金の目安などを記載しています。金額は基本的に税込み、サービス料金別の表示です。料理名の表記は基本的にお店での書き方に合わせています。

❼ 本文

実際にお店で食べて取材した内容を記載しています。
季節によって料理の内容が変わる場合があります。

本書に記載してある情報は、すべて2019年3月現在のものです。お店の移転、休業、閉店、またメニューや料金、営業時間、定休日など情報に変更がある場合もありますので、事前にお店へご確認の上、お出かけ下さい。

まずはランチで友人と気軽に食事。
気に入れば、大切な人との食事にはディナーで、
と使い方はさまざま。

この本では、地元の食通や
グルメライターたちが推薦し、
お忍びで通う名店だけを集めました。

あなたのお気に入りの1軒が
見つかりますように。

コクと愛あるフランスの郷土料理に心もほっこり

french restaurant コート ドオール

フレンチレストラン コート ドォール

三島市

ディナー「メイン選べる季節のコース」の肉料理より「ハンガリー産鴨のロティとコンフィ 粒胡椒ソース」。鴨肉を2種類の調理法で楽しめる贅沢な一品。コンフィは皮がパリッと香ばしく、ローストは火の通し加減が絶妙

ディナー「メイン選べる季節のコース」の本日の魚料理より「真鯛のポワレ」。ホタテ貝とビノス貝を盛り合わせた皿は、海の幸が満載! 白いソースの方はホタテ貝から出汁を取って仕立てたもので、旨みがたっぷりだ

自身の料理の特徴は「コクのあるもの」という鈴木和哉シェフ。元川奈ホテル総料理長・野口良夫氏に師事した料理人が作るのは、まさに王道のフレンチだ。「基本は大切に、忠実に守りつつ、新しいものも取り入れたい」と語るシェフは、特に北仏系の煮込み料理やソース使いが秀逸だが、その味わいは実に奥深い。それでいて、くどさが残らないのは、素材からじっくり丁寧にフォンを取り、その旨みを生かして仕立てるからだろう。

他方で、完全予約制の店のメニューは、郷土色が豊かなのも特徴だ。ランチは、箱根西麓の農園と伊豆の森、駿河湾の海がテーマの駿豆の幸。ディナーは、ニース、アルザス、ブルゴーニュなどフランスの地方料理。それを中世ヨーロッパの趣漂う中で味わえば、ちょっとした旅気分が楽しめそう。どこか懐かしく、心温まる名店は、家族や大切な人との来訪にオススメだ。

ランチ「季節替わり箱根西麓農園コース」の本日のメインより「牛フィレ肉のステーキ クリームポテトのクロケット添え フォンドボーソース」。ブラックアンガス牛のフィレ肉は柔らかジューシー。ジャガイモにサツマイモを混ぜたコロッケはニンジン型でキュート!

ワインレッドのクロスにアンティーク系のシャンデリアがトラディショナルな趣を添える店内。窓外には小さな畑も広がる空間は、上品でありながらほっこり落ち着ける雰囲気

1_ディナー「メイン選べる季節のコース」の前菜5品より。この日は、エスカルゴの香草焼きなど　2_デザートは、ランチは2品、ディナーは4品の盛り合わせ　3_ランチ「季節替わり箱根西麓農園コース」の収穫月の野菜のポタージュ　4_自慢のパンは、予約の時間に合わせて焼き上げる心遣いがうれしい。手前右の山型は米粉パン、左はライムギパン、上はブリオッシュ

LUNCH

季節の箱根西麓農園ランチコース　2,680円
駿河湾海の幸ランチコース　2,800円
伊豆の森林風ランチコース　2,800円

DINNER

メイン選べる季節のフルコース　5,400円
プロヴァンス　4,320円
アルザス　4,320円

※消費税増税時に価格改定あり

■ランチタイムの料金の目安　2,500円～4,000円　■ディナータイムの料金の目安　3,500円～7,500円

french restaurant コート ドオール

三島市谷田1665-142
055-976-2393
11:30～14:00(12:30～15:00)、18:00～21:00
休 月曜
P 8～10台　HP 4.tokai.or.jp/COTE-DOR

【席数】テーブル14席
【煙草】全席禁煙(他に客がいない場合は可)
【予約】完全予約制(前日まで)
【CARD】可
【アクセス】東駿河湾環状塚原I.Cより車で2分

美術館で味わう伝説のシェフのアートフルフレンチ

CAFÉ RESTAURANT AU MIRADOR

カフェレストラン オー・ミラドー

熱海市

「昼食セットメニュー」の肉料理の一例で、「伊豆鹿のロースト」。仕入れてから3日ほどかけて熟成し、ニンニクや香草でマリネしてから焼いたシカ肉は、程よい弾力を残しながらも実に柔らかい。周囲を彩る野菜もきちんと素材が生きる手間が加えられている。ただ美しいだけでなく、やはり味も一流だ

熱海が誇る東洋美術の殿堂・MOA美術館。2017年のリニューアルに伴い、その1階に満を持してオープンしたのが、箱根にある日本初のオーベルジュ「オー・ミラドー」の姉妹店だ。手掛けるのは、フレンチの巨匠・勝又登シェフ。箱根店の味は踏襲しつつ、自身が初めて日本に広めた「ビストロ」の原点に返るようなカジュアルさが魅力だ。

「畑での驚きや感動を料理に変えていく」。勝又シェフの基本姿勢は、まず食材ありき。地産地消を軸に扱うのは、自ら生産者の畑や畜舎を訪れ、実際に目で確かめた素材たち。それらは箱根時代に見出したものだが、ほとんどが三島や伊豆の恵みだ。そんな地場の旬幸も、シェフの手にかかれば目にも口にも美しい料理に様変わる。それはまさに、アートの中という空間だからこそ生まれる一皿の芸術。東洋の美と西洋の食、2つのアートの融合に心から酔いしれる。

1_ランチ利用者の7～8割が頼むという2種類の「昼食セットメニュー」より、前菜の一例　2_自家製梅のサワー(500円)。小田原にある曽我梅林に毎年スタッフで青梅を採りに行き、それを仕込んだ特製梅シロップを使用　3_カフェコーナーの壁一面には、シャルキュトリーというキュートなフレンチ惣菜やデザートが10種類以上並ぶ　4_レストランは入口側のカフェスペースの奥にある　5_人気のデザート「スペシャルミラドーMOA自然農法プリン」(350円)　6_MOA美術館内にある店舗を利用するには、入館料が別途必要

LUNCH

昼食セットメニューA　2,800円
昼食セットメニューB　3,800円

伊勢海老のビスク カプチーノ仕立て　850円
色とりどりフランス惣菜シャルキュトリー盛り合わせ　1,200円
特製ミラドーケーキ盛り合わせ　700円

■ランチタイムの料金の目安　700円～4,000円

※価格はすべて税+サービス料込

CAFÉ RESTAURANT AU MIRADOR

熱海市桃山町26-2 MOA美術館1F
☎ 0557-86-2358(予約:箱根本店0460-84-7229)
営 10:00～16:00(LO15:30)
休 木曜、展示替日、年末年始、その他MOA美術館カレンダーによる
P 200台　HP moaart.or.jp/restaurant/aumirador

【席数】テーブル:レストラン58席、カフェ17席、テラス16席(春夏秋のみ)【煙草】全席禁煙【予約】土日祝11:00～の時間帯のみ可【CARD】可【アクセス】JR熱海駅より東海バス「MOA美術館」下車すぐ、東名沼津ICまたは新東名長泉沼津ICより車で約55分

大切な日を最高に演出する沼津フレンチの名店

フランス料理 La Ponche

ラ・ポンシュ

沼津市

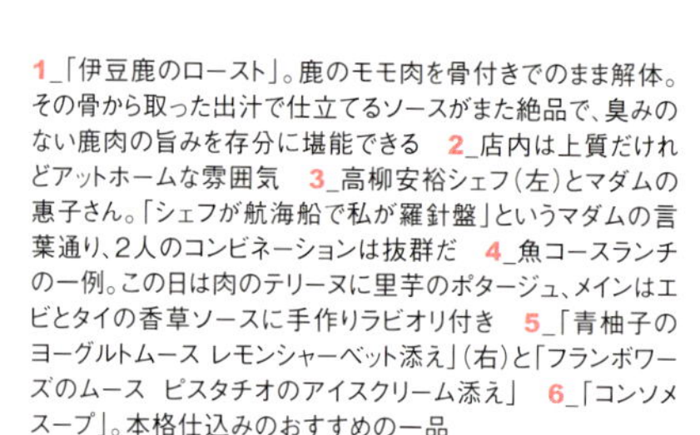

1_「伊豆鹿のロースト」。鹿のモモ肉を骨付きでのまま解体。その骨から取った出汁で仕立てるソースがまた絶品で、臭みのない鹿肉の旨みを存分に堪能できる　2_店内は上質だけれどアットホームな雰囲気　3_高柳安裕シェフ（左）とマダムの恵子さん。「シェフが航海船で私が羅針盤」というマダムの言葉通り、2人のコンビネーションは抜群だ　4_魚コースランチの一例。この日は肉のテリーヌに里芋のポタージュ、メインはエビとタイの香草ソースに手作りラビオリ付き　5_「青柚子のヨーグルトムース レモンシャーベット添え」（右）と「フランボワーズのムース ピスタチオのアイスクリーム添え」　6_「コンソメスープ」。本格仕込みのおすすめの一品

「こちらの料理は新鮮な食材を生かしてシンプルな味付けになっています。どうぞ楽しんで下さい」。パッと花が咲いたように微笑む恵子マダムのサービスに、高柳シェフの料理を心から愛し、皆に食べてもらいたいという思いがあふれ出る。創造豊かなシェフの皿は、まさに食べたらなくなる「一瞬の芸術」。でも、その美しい味や香りと幸福感は、確実に記憶に残る。

そんな極上フレンチの神髄を楽しむなら、ディナーがオススメ。さらに特別な日には、スペシャリテのオマール料理を味わいたい。最高の状態で出すため、オマールは活きで仕入れ、オーダーが入ってから調理する。新鮮なエビの身はプルンプルンで、様々な姿に装いを変えて至福の時間を演出してくれる。創業から2019年で30年。「まだまだ、頑張りますね」と微笑む夫妻の店は、ゲストの大切な日を温かく、素敵に彩り続ける。

ディナーの特別コースでオーダーできるオマール料理。運ばれてきた瞬間にテンションが上がる一品だ。この日は、カイエンペッパーの辛みと柑橘の酸味が、エビの甘みを引き立てる爽やかな仕立て。ゴボウチップのアクセントも楽しい

LUNCH

ランチコース　1,900円、2,300円、2,900円
ハーフコース　3,000円、4,000円
フルコース（シェフおまかせコース）　5,400円

DINNER

ハーフコース　5,000円
フルコース　6,800円
おまかせコース　8,800円
特別コース　10,800円
※サービス料5%

※価格はすべて税抜

■ランチタイムの料金の目安　3,000円～　■ディナータイムの料金の目安　8,000円～

フランス料理 La Ponche

沼津市高島本町3-5
☎ 055-941-8507
営 11:30～14:00、18:00～22:00
休 月曜（祝日の場合は営業）
P 3台（事前予約が必要）　HP laponche.jp

【席数】テーブル10席　【煙草】全席禁煙
【予約】昼はある方がベター、夜は完全予約制
【CARD】ディナーのみ可
【アクセス】JR沼津駅南口より徒歩約10分
【備考】別途サービス料5%

五感で味わう、フランス料理の伝統の味

L'Equation

レクアシオン

富士市

1_「かにとキャベツの冷たい前菜」はディナータイムに味わえる一品。ソースに使用するのは、キャベツの葉と塩のみ。ヘーゼルナッツのピュアオイルがアクセントに　2_コースのデザートの一例「イチゴのスープ」。地元産のイチゴを使って作る真っ赤なスープは、イチゴの鮮やかな甘みと酸味と香りが楽しい一品　3_4_レストラン内にあるワインのストックは100本以上。ソムリエに相談すれば、料理や好みに合ったものを教えてくれる

ランチもディナーもコースのみ。フランス料理といえども、日常的な食事の一つとして楽しんでほしいから〝自分の財布で食べられるフレンチ〟を標榜する。オーナーシェフの齊藤正登さんは、2度渡仏し、フランスと東京の星付きレストランで腕を磨いた。料理は文化と考え、その土地で根を張り料理を学んだ。

使う食材はすべてフレッシュなもののみを使う。フォアグラやトリュフも同様。素材と対峙し気に入らなければ使わないほど質にこだわり、自分の手で丁寧に仕事を施すことを大切にする。素材選びから仕上げまで全ての工程にかけるシェフの情熱が、料理の色や艶、食感に現れる。魚のふわふわとした身とパリっとした皮の食感のコントラスト。フルーツのフレッシュで濃い香り。前菜からデザートまで一皿一皿の上で繰り広げられる渾身の料理に、五感はフル稼働。めくるめくひとときを過ごせる。

コースの魚料理の一例「サワラのローストセミドライトマト添え」。生のサワラをオーブンでじっくりと焼き上げるため、身はしっとりふわふわの食感。サワラの甘みを、程よい酸味のソースが引き立てる

LUNCH

Menu Express 1,800円　Menu A 3,000円
Menu B 4,200円　Menu Special 6,000円

DINNER

Menu A 4,500円　Menu B 6,000円
Menu C 8,000円　Menu Special 6,000円

■ランチタイムの料金の目安
1,800円～6,000円
■ディナータイムの料金の目安
4,500円～10,000円

L'Equation

富士市津田町101-1
☎0545-52-2525
🕐11:30～LO13:30、17:30～LO21:00
休 月曜(祝日の場合営業、翌日休)・第2火曜
P 15台　HP lequation.jp

【席数】テーブル32席、個室1(10～16名)
【煙草】全席禁煙
【予約】要　【CARD】可
【アクセス】新富士駅、吉原駅、富士駅より車で約10分

レトロカフェの奥で優雅に味わうビストロフレンチ

Café du Chemin

カフェ ド シュマン

熱海市

ランチ・ディナーともセットコースがA・B・Cと3つあり、Aセットはメインがランチ7種類、ディナー9種類から選べる。写真はスペシャリテの「金目鯛のムニエル　焦がしバター黒粒コショウ風味」。皮目はパリッと身はフワフワの金目鯛に、レモンを効かせたソースが実に爽やか

熱海市街地でも殊に味のある老舗が点在する銀座町。昭和レトロな商店街の横丁にある店も、その一つだ。1979年に杉本夫妻が始めた喫茶店は、今は本格ネルドリップコーヒーが味わえるカフェと、上質なフレンチビストロという2つの顔を持つ。

日中は地元客が憩う喫茶カウンターの奥に広がるのは、クラシカルで優雅なダイニング。クロスを敷いた上品な空間では、山海の素材が活きたフランスの田舎料理が気軽に楽しめる。中でもオススメは、伊藤シェフのスペシャリテ「金目鯛のムニエル」だ。レモンの効いた焦がしバターソースと黒粒コショウのパンチある爽やかさが、金目鯛の新たな魅力を教えてくれる。「食事だけでなく、この雰囲気や会話も楽しんでください」とマダムの正江さん。マスターの憲治さんが淹れるおいしいコーヒーと気さくなマダムとのおしゃべりも、素敵なごちそうだ。

1_ディナーAセットより「オードブルの盛り合わせ」の一例。自慢のキッシュは、90度の低温で約1時間じっくり焼くためしっとりジューシー　2_コースセットのデザートの一例。この日は、プリン、バニラアイスクリームとベリーのワインゼリー寄せ　3_「自分たちが年をとっても飽きない店がコンセプト」とマダム。ロマンティックな空間は、様々なシーンで利用できそう　4_入口側のカフェスペースには地元の常連客の姿も多い　5_左からオーナーの杉本憲治さんとマダムの正江さん、2代目シェフの伊藤和人さん　6_コースセットの「野菜のスープ」。しっかり煮詰めた素材の旨みが凝縮　7_コーヒーは、「コクテール堂」の豆を使用。ネルドリップでじっくり抽出する

LUNCH

Aセット　3,400円　　Cセット　8,500円
Bセット　5,900円　　平日限定ピクニックランチセット　2,200円

■ランチタイムの料金の目安　2,500円～
■ディナータイムの料金の目安　5,000円～

DINNER

Aセット　3,900円
Bセット　6,600円
Cセット　9,000円

Café du Chemin

熱海市銀座町1-22
☎0557-81-2079
営 ランチ11:30～14:30(LO)、ディナー17:30～20:30(LO)、カフェ11:00～20:30
休 水曜(1か月に1度連休あり)
P なし　HP なし

【席数】カウンター5席、テーブル40席　【煙草】全席禁煙　【予約】ある方がベター　【CARD】可
【アクセス】JR来宮駅またはJR熱海駅より徒歩約10～13分

地場の味覚が斬新に融合する、幸せフレンチ

gawa Mishima

ガワ ミシマ

三島市

1_「フォアグラのソテー 伊豆の黒米と間引きニンジン マデラソース」。フレンチの王道にモチモチの黒米がベストマッチ。ディナーの贅沢フルコース（7,500円）やランチのスペシャルフルコース（9,900円）で味わえる 2_3_オーナーシェフの小川正道さん。味覚には五味があるが、「もう一つ、『心』という調味料があると信じています」と語る料理は、まさに一皿入魂だ 4_北欧調のシックで開放的な店内。壁を飾る手書きの案内が、ともすれば緊張しがちな空間を和ませる 5_下田産ハチミツなど隠れた地元名産や自家製ドレッシングなども販売

「昔は『おいしいと感嘆させたい！』という感じでしたが、今は『皆さんに楽しんでもらうこと』が最優先」とオーナーシェフの小川正道さん。少し気負いの取れたレストランは、シックな中に温もりが加わり、より親しみやすくなった印象だ。

その思いは、料理にも表れる。例えば、フレンチの王様・フォアグラのソテーには伊豆の黒米を合わせたり、自ら沼津港のセリ場で仕入れる鮮魚のポワレには、伊豆特産のシイタケを丸ごと添えたり。「大事にしているのは、素晴らしい地元の素材を、フレンチの技法を使ってより引き立たせること」と話す小川さんは、三島で店を営む中で、良い素材がある場所でしか良い料理は生まれないということに気が付いたそう。三島、伊豆、沼津の風土を生かした料理で食べる者を幸せにする名店は、記念日だけでなく、自分へのごほうび使いにもオススメだ。

昼夜のフルコースで供される本日の魚料理より「スズキのポワレ　青菜のソース」。魚屋での修業経験も持つ小川さんが自ら沼津の河岸で仕入れる魚介類はもとより、契約農家や自家栽培するおいしい無農薬野菜も店の自慢だ

LUNCH

gawa Lunch（日替わりハーフコース）　3,280円

LUNCH & DINNER

贅沢フルコース　7,500円
スタンダードフルコース　5,400円
スペシャルフルコース　9,900円

■ランチタイムの料金の目安　4,000円～　■ディナータイムの料金の目安　7,000円～

gawa Mishima

三島市北田町1-13
☎ 055-972-5040
営 12:00～13:00（最終入店）
　18:00～20:00（最終入店）
休 日曜、木曜ランチ　P 5台　HP gawamishima.com

【席数】テーブル30席　【煙草】全席禁煙
【予約】ある方がベター
【CARD】可（別途サービス料5%）
【アクセス】伊豆箱根鉄道 三島田町駅より徒歩約3分
【備考】夜は未就学児の入店不可

じっくり丁寧な家庭料理に心温まる沼津のパリ食堂

フランス料理 OPÉRA

オペラ

沼津市

メインより「牛ホホ肉の赤ワイン煮」。周囲を飾るのは、地場産や渡邉シェフの父親が育てた自慢の野菜たち。自家製パンも付く。ディナーではアラカルトでも注文可。メイン料理には、他に仔羊や鴨、鳩やイノシシなどのジビエもラインアップ。どれも丁寧な下処理で食べやすく仕上げている

「昔パリのビストロで働いていた頃、暗い夜の街で煌々と光るオペラ座を見て、いつも元気をもらっていたんです。ここもそんな店にしていきたい」。オーナーシェフの渡邉さんは穏やかに話す。沼津のシンボル・御成橋のたもとに佇むシックな店には、どこか温かな包容力がある。

渡邉シェフの根本にあるのは、実際にフランスの地方を回って出合った郷土の家庭料理。そして、「その伝統を守り、決して手を抜かない」という信念は、定番の「牛ホホ肉の赤ワイン煮」によく表れている。まさにフレンチの王道だが、シェフはまず赤ワインで肉を3～4日マリネし、煮てからも同様の時間休ませる。約1週間かけ、じっくり丁寧に作り上げた逸品は、しみじみと優しくてホッとする。他方で、毎月最終日曜には全品500円で楽しめる「オペラ酒場」も開催。訪れればいつでも、喜びと癒しと元気をもらえそうだ。

1_前菜「蒸し牡蠣の冷製 ライムのジュレのせ カリフラワーのムースと」。昆布締めして蒸した牡蠣は味が濃厚　2_落ち着いた店内だが子どもの入店もOK。カジュアルなランチから記念日ディナーまで、様々なシーンで利用できそう　3_「昔ながらのカスタードプリン 自家製蜂蜜のアイスクリーム」。富士市・後藤養鶏場から仕入れる卵の風味が優しい　4_毎日焼かれるプチカヌレは、テイクアウト販売品で4個300円　5_「クレームタンジュ」。フロマージュブランを使ったフランスの伝統菓子には、相性抜群のマンゴーソースを合わせた　6_左から、スーシェフの鈴木翔さん、渡邉祐一シェフ、櫻井隆寛マネージャー

Menu

LUNCH		DINNER	
Aランチ	1,800円	デギュスタシオンコース	5,500円
Bランチ	3,500円	グルマンコース	7,500円
Cランチ	5,000円	スペシャルコース	9,500円

■ランチタイムの料金の目安　1,800円～　■ディナータイムの料金の目安　4,000円～

フランス料理 OPÉRA

沼津市上土町100-1
☎ 055-951-3878
🕐 11:30～13:30(LO)、18:00～20:30(LO)
休 月曜
P なし　HP opera20061207.com

【席数】カウンター8席、テーブル12席
【煙草】全席禁煙
【予約】ある方がベター
【CARD】可
【アクセス】JR沼津駅南口より徒歩約7分

富士宮で本場の食文化を伝えるエレガントフレンチ

French Coin

フレンチ コワン

富士宮市

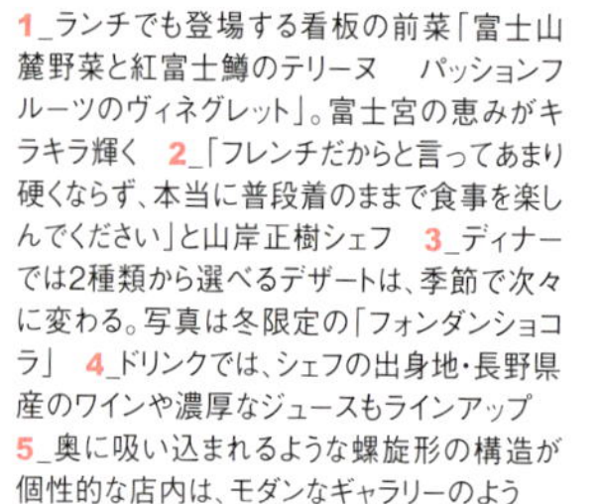

1_ランチでも登場する看板の前菜「富士山麓野菜と紅富士鱒のテリーヌ　パッションフルーツのヴィネグレット」。富士宮の恵みがキラキラ輝く　2_「フレンチだからと言ってあまり硬くならず、本当に普段着のままで食事を楽しんでください」と山岸正樹シェフ　3_ディナーでは2種類から選べるデザートは、季節で次々に変わる。写真は冬限定の「フォンダンショコラ」　4_ドリンクでは、シェフの出身地・長野県産のワインや濃厚なジュースもラインアップ　5_奥に吸い込まれるような螺旋形の構造が個性的な店内は、モダンなギャラリーのよう

フランス語で「角」を表す屋号の上にヒバリがちょこんと留まるのは、「ひばりが丘」の交差点にあるから。「地域密着」への思いがさりげなく込められたエスプリに、親近感が湧いてくる。「目指すのは、皆さんに親しんでもらえるような料理」と語る山岸シェフが生み出すのは、野菜を中心に地場食材を積極的に取り入れたエレガントなフレンチだ。「流行に惑わされず、自分の持っている力を全部出し切って一皿を仕上げる」。丹精込めて仕立てた皿は、まさに美しい絵画のよう。さらに、バターやクリームを控え、フルーツを多用するソースは、爽やかな余韻を伴って素材の旨みを引き立てる。

「フランス料理は、文化を食べるようなもの。食事とワインを一緒に楽しむなど、食文化も浸透させていければ」と山岸さん。軽やかな料理には、シェフの故郷・長野特産のナチュラルワインとジュースもオススメだ。

ディナーのメインディッシュの一例「フランス産鴨のポワレ　ポトフ風」。肉料理は鴨などの鶏、仔羊、国産牛で仕立てた3種類から選べる。今回は冬場仕立てでポトフ風だが、鴨の旨みと下に隠れる大根やキノコなど旬野菜の風味が、見事に一体になっている

LUNCH

コースA（平日限定）　1,800円
コースB　2,300円
コースC　4,000円

DINNER

コースメニューA　5,500円
コースメニューB　8,000円
記念日ディナー　2人で13,889円

■ランチタイムの料金の目安　2,000円～　■ディナータイムの料金の目安　7,000円～

French Coin

富士宮市ひばりが丘850-2
☎ 0544-29-7501
営 11:30～14:00、18:00～21:30
休 火曜、第3月曜
P 8台　HP french-coin.com

【席数】テーブル16席【煙草】全席禁煙【予約】ランチはある方がベター、ディナーは前日までの完全予約制【CARD】可【アクセス】新東名新富士ICまたは東名富士ICより車で約9～11分、JR富士宮駅より富士急行バスで「ひばりが丘入口」下車・徒歩約3分【備考】昼夜とも未就学児の入店不可

古き良き熱海が薫る、本格仏蘭西料理と絶品タルト

春陽亭

シュンヨウテイ

熱海市

3か月で変わるメニューは昼夜同じ。基本のコースは、メインが魚介と肉で計7種類ほどから選べる。写真は肉料理より「国産牛のステーキ　温野菜添え」。しょうゆベースの和風ソースと自家製香草バターが、サーロインの旨みを一段と引き立てる

熱海市東端の森の中。季節の花木が彩る約2千坪の庭園の先に佇むのは、少しレトロモダンな一軒家。古き良き時代の熱海を思わせる瀟洒な趣は、「仏蘭西料理店」という表記がよく似合う。店主の洗練された案内で席に向かえば、木の間に広がる相模湾の壮大な景色が、一瞬で非日常の世界へと誘ってくれる。

まるで春の陽だまりのようなエレガントな空間で供されるのは、古典をベースにした本格派のフレンチ。そのテイストは、コク深くても軽やかだ。伝統を大切にした皿はオーソドックスで、奇をてらった装飾はない。でも、本物であることにこだわった料理には、食べる者をホッとさせる安心感がある。一方で、もう一つの自慢が毎日12種類以上並ぶデザートだ。基本的にブッフェ形式で食べられる魅惑の甘味は、特にタルトが絶品！ここにしかない特別な至福のひと時を、心ゆくまで楽しみたい。

1_前菜の一例。ふんわり柔らかなキッシュは、「自分の結婚式で招待客に食べさせたい」と特注で千葉から取りに来たファンもいるほどの人気品　2_「ニンジンのポタージュ」は、ニンジンの旨みが凝縮　3_4_5_6_一部コースを除き、デザートは好きなものを好きなだけ味わえる。タルトのほかティラミスやフルーツゼリー、ジェラートなど、常時12種類以上揃うスイーツは全部食べたくなってしまう　7_1984年、漆畑兄弟が「熱海本来の昔ながらの良さを表現したい」と、自分たちで土地を切り開いて作り上げた店は、全てが洗練されて心地良い

Menu

LUNCH　キッシュランチ（平日限定）　2,800円

LUNCH& DINNER
シェフおまかせフルコース　11,300円
魚介コース:アワビのワイン蒸し　8,300円
魚介コース:本日の魚料理　4,500円
お肉のコース:和牛フィレステーキ　7,300円（100g）／8,700円（150g）
お肉のコース:国産牛のステーキ　4,500円

■ランチタイムの料金の目安　5,000円～　■ディナータイムの料金の目安　8,000円～　※価格はすべて税抜

春陽亭

熱海市泉大黒崎270-2
☎ 0557-80-0288
🕘 11:30～15:30(LO14:30)、17:30～21:00(LO19:30)
休 火曜（祝日の場合は営業し、翌日休み）
P 8台　HP shunyoutei.com

【席数】テーブル25席（一部個室使用可）【煙草】全席禁煙（テラス席は可）【予約】ある方がベター【CARD】可【アクセス】JR熱海駅より東海バスで「大名ヶ丘」下車・徒歩約5分、東名沼津ICまたは新東名長泉沼津ICより車で約55分【備考】サービス料10％別途要。子どもの入店は1グループに2名まで可

独自の世界観と表現力で魅了する沼津のネオフレンチ

フレンチ Lapin Agile

フレンチ ラパン・アジル

沼津市

1_「伊豆イノシシのパテ ・ド・カンパーニュ マッシュルームのサラダ添え」。パテは、イノシシの臭みなどは全くなく、食べやすい仕上がり 2_「クシロの低温ロースト 三島産黒大根とアンチョビのムース添え」。低温で焼いた魚の身はフワッフワ 3_「マスのスモークと地場の芽キャベツのサラダ風」 4_「抹茶のフィナンシェと竹炭のアイスクリーム」 5_ミニャルディーズのマカロン。あまりの芸術性の高さに、最初は衝撃を覚えるほど 6_店内はシックで高級感漂う雰囲気。それなのに、メニューは昼夜同じで、プリフィクスのハーフコースが1,800円からと実にリーズナブル

昼は落ち着いたマダムたちが、美食を囲んで談笑し、夜は仕事帰りの女性客が、サラッと二人で食事とワインを味わう。そんなちょっと大人の楽しみ方が気軽にできるのが、沼津駅前のココチホテル内にあるフレンチだ。

吉田泰穂シェフの料理は、芸術的で美しいのが魅力の一つだが、その世界観は常に進化している。「作りたいのは、新たなものと言うより自然なもので、何にもとらわれないもの。そして、皆が喜び、自分も楽しいと思えるもの」。自身も狩猟をし、地産地消に注力するシェフが今、黒の器を用いて表現するのは、「伊豆の野山」だ。例えば、前菜は伊豆イノシシのパテにマッシュルームを乗せ、小菓子のマカロンは木の実のように落ち葉に散らす。その皿を味わえば、目の前に伊豆の大自然が広がって行く。そこに漂うのは枯淡の美。豊かで鋭い感性が生む新感覚フレンチは、何度でも体験したくなる。

「お試しコース」の肉料理の一例「本州鹿ロース肉のポワレ」。地元産雌鹿の2週間熟成させたロース肉は、柔らかくて旨味も凝縮。添えてあるのは紫キャベツのチップと、ラビオリの皮でごはんを包んで蒸したリゾット

LUNCH & DINNER

プリフィクス・メニューA　1,800円
プリフィクス・メニューB（ハーフ）　2,000円
プリフィクス・メニューC（フル）　2,600円
季節のコース　3,800円
お試しコース　5,500円
スペシャルコース　7,000円

※価格はすべて税抜

■ランチタイムの料金の目安　2,000円～　■ディナータイムの料金の目安　2,000円～

フレンチ Lapin Agile

沼津市高島町1-12ココチホテル沼津2F
☎ 055-924-0600
11:30～15:00(LO14:00)、18:00～22:00(LO21:00)
休 月曜（祝日の場合は営業、翌火曜休み）
P ランチタイムはココチホテルP利用可
HP なし

【席数】テーブル28席
【煙草】分煙
【予約】ある方がベター　【CARD】可
【アクセス】JR沼津駅北口より徒歩約1分

本格フレンチを気軽に、おなかいっぱい味わえる

欧風めしや せるぽあ

おうふうめしや せるぽあ

御殿場市

「おまかせハーフコース」3,000円や「おまかせフルコース」4,000円で味わえる魚料理の一例。「海の幸のパートフィロ包み」。パリパリのパートフィロ野中には、たらとホタテと海老と牡蠣のソテーがぎゅっと詰まっている。コースの肉料理や魚料理はグランドメニューにはない料理が味わえるので好評だという

オーナーシェフの田代圭一さんは、プリンスグループのレストランを皮切りに、沼津、箱根、平塚など様々なホテルで料理の基本を深く学んだ。土台となるフォンはイチから仕込むし、料理に使う魚は沼津港へ出向いて吟味。自分の目で見たもの、手で感じたことを大切に、基本に忠実に料理を作る。味わえるのは、伝統を踏まえたクラシカルなスタイルのフレンチ。といっても、普段着で気軽に来て欲しいから「欧風めしや」を名乗っている。

ランチもディナーもセットが中心。特にディナーは、おなかの具合に合わせてメイン料理にセットにする内容を3種類から選べるのがいい。オードブルセットやコースセットの前菜は月替り。予約なしでも「シェフにお任せフルコース」を注文できるのも頼もしい。こちらは"おなかいっぱいで幸せ"という感覚を、本格フレンチで味わえる名店なのだ。

1

3

2

1_ディナータイムの「オードブルセット」からオードブルの一例「サーモンとアボカドと蟹のタルタル」。トマトソースとジェノベーゼ、バーニャカウダソースがアクセント。ハーフコースやフルコースのオードブルにもお目見えする　2_ワインは、信頼するソムリエに料理を食べてもらってからセレクト。ハウスワインはグラスで500円～　3_天気がよければ、富士山を眺められるロケーション。テーブル席のほか、カウンター席もある店内は全20席と小ぢんまり。ランチもディナーも、予約をして出かけるのが賢明だ

Menu

LUNCH

ランチセット
（メインは9品からチョイス）1,350円

DINNER

和牛ほほ肉のシチュー（単品）　1,780円
若鶏のコンフィ バルサミコソース（単品）　900円

■ランチタイムの料金の目安　1,350円～　■ディナータイムの料金の目安　900円～

欧風めしや せるぽあ

御殿場市北久原279-1
☎0550-83-2873
🕒11:30～14:00、17:30～21:00
休 月曜、第1･3火曜
P 12台　HP なし

【席数】カウンター6席、テーブル14席
【煙草】全席禁煙
【予約】あるほうがベター
【CARD】不可
【アクセス】御殿場駅より車で10分

富士山の恵みを味わう隠れ家ダイニング

JINQ café&dining+ GOTEN

ジンク カフェアンドダイニング プラス ゴテン

富士宮市

1_長谷川農産のマッシュルームと今村さんちの香りしいたけが共演する「キノコのアヒージョ」780円　2_「JINQ」のメニューを監修するのは、地元の野菜やジビエを活かした料理に定評がある静岡のフレンチレストラン「KAWASAKI」の河崎シェフ。「鹿のソーセージ」1,480円は、食べると元気が出てくるタフな味　3_4_築80年を超える日本家屋をリノベーション。モダンながら風情を感じさせる　5_「猪のパテ」1,380円をはじめ、富士山麓のジビエを使った料理が豊富。Bioなワインも豊富に揃うので、ぜひ一緒に味わいたい

築80年を超える日本家屋を改装した建物は、入り口を真ん中に、左が一棟貸しの宿「GOTEN」、右がレストラン「JINQ」という造り。富士山の湧水が育む富士宮の素晴らしい食材を味わってほしいと、去年オープンした。レストランの欄間窓にはステンドグラスがはめ込まれ、大谷石があるモダンな空間に馴染む。

レストランで使用する食材の多くが、生産者から直送される。野菜は近隣の契約農家から。富士農場サービスのLYB豚、柿島養鱒場の富士山サーモンなど、静岡が誇る食材も同様だ。旬の食材を組み合わせて作るから、定番料理も日々変化。同じメニューをリピートしても、新鮮な気持ちで味わえる。既知の地元食材も新たな視点で作る料理で食べれば、今まで知らなかった顔や魅力を再発見する楽しみを味わえる。

「ワンプレート」1,280円は、夜のメニューから1品を日替わりで提供するランチメニュー。この日は「富士の鶏のグリル」。青木養鶏場の鶏肉は肉質が細かく、ジューシーで柔らかい。野菜たっぷりのキッシュもいい

LUNCH

季節のキッシュプレート　780円

ワンプレート　1,280円

本日のスペシャル　1,580円

DINNER

季節のデザート　550～850円

■ランチタイムの料金の目安　1,500円～　■ディナータイムの料金の目安　3,500円～

JINQ café&dining +GOTEN

富士宮市中央町10−8

☎ 0544-66-3190

🕒 11:30～16:00(LO15:30)、18:00～22:00(LO21:00)

休 火曜、第1・3月曜

P 12台　HP tomoe-project.com

【席数】カウンター3席、テーブル21席

【煙草】全席禁煙

【予約】ある方がベター　【CARD】可

【アクセス】新東名・新富士ICより車で11分。JR富士宮駅より徒歩6分

食材が豊富な沼津で、イタリア南部の料理を満喫！

Pizzeria Trattoria il germe

ピッツェリア トラットリア イル・ジェルメ

沼津市

オリーブオイルと塩でじっくりゆっくり煮込んだ契約農家が栽培するこぶ高菜と、自家製ソーセージ、モッツァレラチーズ、燻製チーズのピッツァ「サルシッチャ・エ・ストゥファータ」1,500円。こぶ高菜のほろ苦さと甘みがアクセント

「もち豚すね肉と玉ねぎのナポリ風ジェノベーゼ キタッラ」1,400円。キタッラという弦を張った道具を使い作る断面が四角いパスタ。もちもちとした食感のパスタに、バジル香る濃厚なソースが絡み美味

作るのは、カラフルなイタリア南部の料理。オーナーシェフの高橋俊介さんは、イタリアの港町ナポリと陸の孤島と呼ばれるカラブリアで修行した経験を持つ。イタリア南部の料理の魅力を尋ねると、その場所で手に入るもので料理する日常の中の料理であるところだという。気候がよくて、食材が豊富な点は沼津と共通。だから契約農家から直送の野菜や沼津港で揚がる魚など地元食材を使い、野菜たっぷり、ボリューム満点の料理を提供するのが自然な流れ。

ピッツェリアだからこそ、厨房の中にステファノ・フェッラーラ製のピザ窯が鎮座。萌黄色なのは、発芽を意味する店名「イル・ジェルメ」が由来だ。この窯で焼かれるピッツァは香ばしく後を引き、いくらでも食べられそうな気がしてくる。おなかいっぱい食べて飲んで、大満足できる店である。

コース3,500円（要予約）で味わえる前菜盛り合わせ。鯖や沼津のヒラスズキ、ベニテグリなど、地魚を使った料理が並ぶ

店内は広々として、カジュアルな雰囲気。カウンターもあるのでふらりと一人で立ち寄るのにもいい

1

4

3

2

1_ピッツァは、オーダーを受けてから、生地を伸ばしトッピングしていく 2_カウンター席もゆったりとした造りで、時間を忘れてくつろげる 3_このピザ窯あってこそ、もっちりピザが焼ける 3_アルコールも豊富に揃えている

Menu

LUNCH	DINNER	LUNCH & DINNER
ランチセット 900円	もち豚肩ロースのグリル（400g） 2,000円	グラスワイン 500円～
パスタランチ 1,300円	コース 3,500円	マルゲリータ 1,200円

■ランチタイムの料金の目安 900円～ ■ディナータイムの料金の目安 3,500円～

Pizzeria Trattoria il germe

沼津市平町9-1松本ビル1F
☎055-962-7770
🕘11:00～14:00（LO13:30）
17:00～22:00（LO21:00）
休 月曜、火曜のランチタイム
P 4台 HP Facebookページ

【席数】カウンター8席、テーブル席22席
【煙草】全席禁煙
【予約】ある方がベター 【CARD】不可
【アクセス】JR沼津駅南口より徒歩で10分

元公邸料理人がもてなすアットホームなハウスレストラン

Ristorante Rosa Rosso

リストランテ ローザ ロッソ

熱海市

1_フリュイドメールコースのオードブルの一例。内容は当日仕入れた食材で変わる　2_アットホームな空間には個室も完備　3_大野修シェフ。公邸料理人として、ハンガリーの日本国大使館とグァムの日本国総領事館に合わせて5年弱勤務するなど経験豊かな料理人だ　4_フリュイドメールコースのデザートの一例で「金柑のタルトと桜と抹茶のムース」　5_高台の2階ダイニングは静かで、一部海も望める。窓外には河津桜が植えられており、特に2月下旬から3月上旬は満開の花が楽しめてオススメだ

ちょうどドイツでベルリンの壁が崩壊した時、ハンガリー日本国大使館で要人に料理を饗していた大野修シェフ。その元公邸料理人が、熱海の伊豆山で自宅レストランを始めたのは2009年。山腹の静かな住宅地に建つのは普通の一軒家で、一瞬入店に戸惑うものの、靴を脱いで2階へ上がれば、まるで友人宅に招かれたような気分になる。

ベースは王道のフレンチ&イタリアンである一方、「あまりそこにこだわらない」と笑う大野シェフの料理は、時に独創的だ。ナマコのマリネや釜揚げまたは生シラスの和え物を前菜にしたり、ソースに自家製柚子胡椒や明日葉、フキノトウを加えたり。伊豆の豊かな海鮮や旬野菜の中でも、欧州料理では使わない地場の食材を積極的に取り入れる。個性が光る皿は、楽しくて感動的だ。一流シェフの自宅で、温かく小粋なもてなしを味わう。こんな贅沢は他にあるまい。

ディナーのフリュイドメールコースはメインに魚か肉料理が選べる。写真は2種類の肉が一度に味わえる「仔羊と牛フィレ肉のステーキ」。低温で20分ほどの時間をかけて焼き上げる肉は、柔らかジューシーだ

LUNCH

ランチコース　2,000円
ランチプレート　1,980円
伊勢海老のトマトクリームソース　2,900円

DINNER

パスタコース　3,240円
フリュイドメールコース　4,167円
シェフおすすめコース　5,555円～

■ランチタイムの料金の目安　1,600円～　■ディナータイムの料金の目安　1,000円～　※価格はすべて税抜

Ristorante Rosa Rosso

熱海市伊豆山986-22
☎0557-48-6480
🕒11:30～14:00(LO)、17:30～20:30(LO)
㊡木曜(祝日の場合は営業)　Ⓟ4台　HP rosarosso.jp

【席数】テーブル20席、個室1(最大6名)【煙草】全席禁煙【予約】ある方がベター(特にディナー)【CARD】不可【アクセス】JR熱海駅より東海バス「MOA美術館」下車・徒歩約10分(運行は17時台まで)、東名沼津ICまたは新東名長泉沼津ICより車で約55分【備考】ケータリング・出張宴会対応

豊かな彩りと味の奥行きで魅了する癒しのイタリアン

Restaurant CASCADE

レストラン カスケード

沼津市

1_定番パスタの「広島産カキと生のりの香味ソース 生パスタのリングイネ」。シソ風味のグレープシードオイルが隠し味の一品　2_勝志さん自ら手掛けた店は、南欧のカントリーな雰囲気が漂う　3_個室使用できる2階は、プロジェクターや音響設備も整っており、パーティーにオススメ　4_庭ではハーブなども栽培　5_「ディプロマットプリン」とハーブティ。ラムレーズン入りのブレッドプリンは、ちょっと大人の風味が魅力　6_「本当に気軽に、フッと立ち寄って、ゆっくり寛いでください」と語る店主の亀井勝志さんとマダムの香代子さん

陽光明るい窓辺の席で緑の小庭を眺めていると、往来の喧騒も遠のいて行く。沼津の学園通りで亀井夫妻が営むのは、上等なパスタやピッツァが気軽に楽しめるイタリアン。適度に愛らしい装飾と、香代子マダムの接客が生み出す空間は心地良く、男性の一人客も少なくない。

もちろん、最大の魅力は店主・勝志さんのセンスあふれる料理。その特長は、何より彩りと香りが豊かなこと。さらに、そこへ独自の隠し味を加えて奥行きを出すのがポイントだ。例えば「カキと生のりの香味オイルソースパスタ」は、春なら旬の菜花をあしらい、実に緑鮮やか。頬張れば、生のりの磯の香りにシソ風味のオイルが深みを与え、最後まで飽きさせない。創業から四半世紀。「人間も時代も変わって行く中で、いつまでもちょっと安心できる場所でありたい」と香代子さん。何かあった時、ふと訪れたくなる一軒だ。

パスタのオススメ「渡り蟹のトマトクリームリングイネ」。ランチ・ディナーともコースのメインで選べる他、アラカルトでも注文可能。殻をブランデーでフランベして焼くことで、香ばしさが格段にアップ。自家製トマトクリームはまろやかで、カニの旨みが存分に楽しめる

LUNCH		DINNER	
コースA	1,300円	コース2種類	2,200円／3,500円
コースB	1,600円	ペアコース	2人で7,200円
コースC	2,200円	豚ロースの網焼き バルサミコソース	1,500円

■ランチタイムの料金の目安　900円～　■ディナータイムの料金の目安　2,000円～

Restaurant CASCADE

沼津市泉町13-14
☎055-925-6454
⏰11:30～15:00(LO13:30)、18:00～22:00(LO21:00)
休 月曜　P 6台　HP ヒトサラ掲載あり

【席数】カウンター3席、テーブル20席、個室2(10～25名)【煙草】1階は全席禁煙、2階個室は喫煙可【予約】ある方がベター【CARD】可【アクセス】JR沼津駅北口より徒歩約15分またはJR沼津駅南口より富士急シティバス「サンウェルぬまづ前」下車・徒歩約1分、東名沼津ICより車で約10分【備考】ベビーカーの入店不可、クレジットカード及び営業時間外の利用は別途5%

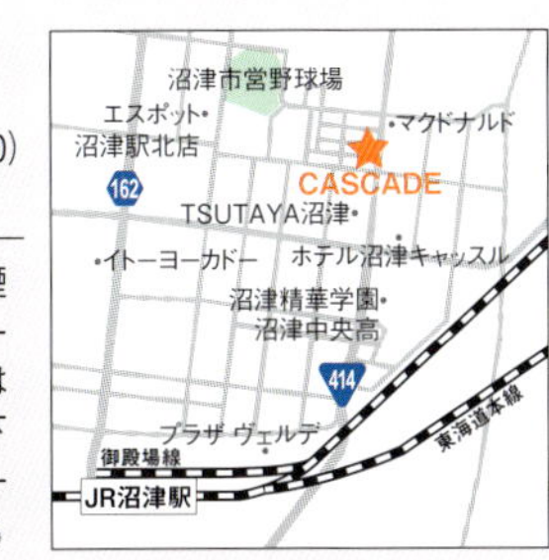

イタリアを旅するように、料理を味わう

トラットリア　フィレンツェ

とらっとりあ　ふぃれんつぇ

御殿場市

1

3

2

4

1_1つにモッツァレラチーズを丸ごと使う「パンとモッツァレラチーズの重ね焼き、アンチョビバターソース」900円　2_かつてフィレンツェのリストランテでサービスとワインの勉強をしたシェフの奥さんが、料理に合うワインを選んでくれるそう　3_テーブル席の中には、個室にできるスペースがあり、20名まで利用可能だ　4_サクサクのバケットと一緒に頬張れば、フレッシュトマトの酸っぱさと甘さ、オリーブオイルとバジルの香りが渾然一体となって広がる多幸感ときたら!「ブルスケッタ」500円

駅前から伸びる石畳の道沿いにあるトラットリア。赤い扉を開ければ、スタッフの元気な声が出迎え、陽気なイタリアを感じさせる。こちらは、北から南まで、イタリアのリストランテ10軒で修行したシェフが作る料理を味わえる。目指すのは、日本人はもちろん、イタリア人が食べても美味しい料理。日本人に馴染み深い「カルボナーラ」は、ソースに卵黄のみを使ったローマ風。「バーニャカウダ」はクリームを使わず、発祥の地であるピエモンテ州の味を再現する。

ランチタイムは、好きなパスタやピッツァを1つ選んで、プラス400円でパン、サラダ、ドルチェ、ドリンクをセットで味わえる。ディナーには、グラスワインを片手にアラカルトで。気に入れば、次はコースを。シェフが作る料理を味わうひととき、まるでイタリアを旅しているような気分になれるはずだ。

リングイネの食感が面白い「"リングイネ"の漁師風　ペスカトーラ」1,600円。ムール貝にあさり、タコ、エビなどたっぷりの魚介と、トマトソースの甘みと酸味がよく合う

Menu

LUNCH

本日のパスタランチ　1,300円

LUNCH & DINNER

リガトーニの炭焼き職人風カルボナーラ　1,200円
ピッツァ マルゲリータ　1,100円
シェフお任せコース　3,800円～

■ランチタイムの料金の目安　1,300円～　■ディナータイムの料金の目安　2,000円～

トラットリア フィレンツェ

御殿場市新橋1998中田プラザ1F
☎0550-82-0202
🕒11:30～LO14:00、18:00～LO21:00
休 水曜
P 2台（提携駐車場あり）　HP t-firenze.com

【席数】テーブル40席、個室1（～20名）
【煙草】全席禁煙
【予約】ある方がベター
【CARD】不可
【アクセス】JR御殿場駅富士山口より徒歩1分

シェフ夫妻との心通う会話と料理を楽しもう

まちのイタリアン　ワイン酒場
con le mani　コン レ マーニ

沼津市

獲れたての新鮮な金目鯛のふわりとした食感がたまらない「下田産金目鯛のポワレ タイム風味」2,000円

ノッポな壁に「まちのイタリアン」の文字。奥に長い店内は、カウンターの先にテーブル席がある。店内に漂う温かい雰囲気は、フレンチとイタリアンのレストランで腕を磨いたシェフの利根川憲彦さんと奥さんのとびっきりの笑顔と親しみやすい人柄が源になっている。

肉も魚介も野菜も、シェフが生まれ育った沼津を中心に、近隣の美味しいものを極力使う。栽培方法や由来など、食材の背景を熱心に学び、料理と添える言葉で魅力を伝える。3種のパスタから選べるランチはボリュームがしっかり。ディナータイムはグランドメニューのほか、その日入荷する素材を使ったおすすめメニューが充実。ワインと一緒にアラカルトで楽しむのもいいけれど、コースも捨てがたい。合わせるワインはどれにしよう？　悩んだら胃袋とシェフ夫妻に相談を。きっとそこから、心通う会話が始まるだろう。

1_ランチタイムはランチメニューのみを提供。サラダ、パスタ、自家製パン、ドリンク、一口デザートがセットになって1,000円　2_パスタは3種類から1品選べる。写真は「モッツァレラチーズとトマトソースのスパゲッティ」　3_ワインはシェフ夫妻が実際に味をみて選んだものを用意。料理に合わせたセレクトもしてくれる　4_農家からその日届いた野菜を中心に作るシェフの気まぐれサラダ　5_ウィスキーやリキュール、スピリッツも。好きなお酒と料理のマリアージュを楽しんで　6_奥へ細く伸びる店内。カウンターの先にテーブル席がある

LUNCH

LUNCH MENU 1,000円
デザート　600円

DINNER

鮮魚のカルパッチョ　1,280円～
牛ハラミステーキ（200g）　2,500円
コース（飲み放題2時間付き）　5,000～8,000円

■ランチタイムの料金の目安　1,000円～　■ディナータイムの料金の目安　3,000～8,000円

まちのイタリアン ワイン酒場 con le mani

沼津市大手町5丁目7-13
☎ 055-952-1341
営 月～水曜11:30～LO14:00、17:30～LO22:00
金・土曜17:30～LO23:00
日曜12:00～LO14:00、17:30～LO21:00
休 木曜　P なし　HP nbkj400.gorp.jp

【席数】カウンター13席、テーブル22席
【煙草】全席禁煙　【予約】ある方がベター
【CARD】ディナーのみ可
【アクセス】JR沼津駅南口より徒歩約6分

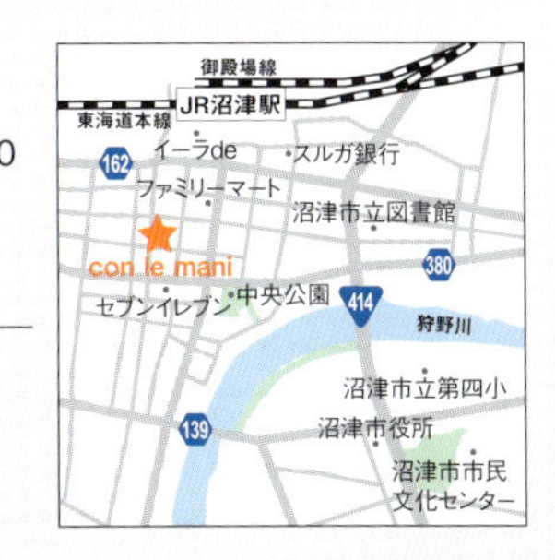

自然とアートの中で愉快に味わう窯焼きピッツァ

Pizzeria & Trattoria CIAO CIAO

ピッツェリア&トラットリア チャオチャオ

長泉町

1_「山桜で燻した骨付き豚のスペアリブ」2,200円。自家製スパイスを刷り込んで燻製し石窯で焼き上げたもち豚は、程よい弾力と香りが絶品 2_名物「箱根西麓野菜の窯焼き」1,900円。ゴロッと詰まった旬野菜は窯で焼くことで甘みが凝縮 3_スタッフの皆さん。「お客さんと従業員とのコミュニケーションを大切にしています」と前島さん 4_約450度の窯では、ピッツァも1～2分で焼き上がる 5_全面ガラス張りの店内は、明るく開放的 6_長泉町郊外にある「クレマチスの丘」は、大自然と四季の花咲く敷地の中に、ベルナール・ビュフェやジュリアーノ・ヴァンジの美術館などが点在

一面ガラス張りの明るい店内を覗けば、客人たちが談笑する先に、大きな石窯が温かい炎を灯して鎮座する。花と芸術と食、3つの美が織り成す複合文化施設「クレマチスの丘」。その門口で陽気に迎えてくれるのは、新鮮な地場食材と窯焼き料理が自慢のカジュアルイタリアンだ。

看板は、生地から手作りするナポリピッツァ。「練り具合と発酵が一番大事。グルテンをあまり出さないよう作っています」とピザ職人の前島さんも胸を張る生地は、外はサックリ、噛めばモッチリ。その食感と小麦の甘み、具材の調和が心地良い。店のもう一つの魅力は、自ら契約農家の畑に赴いて仕入れる箱根西麓の採れ立て野菜だ。サラダはもちろん、パスタや肉・魚料理まで、たっぷり野菜が載った皿は、まさに畑が見えるよう。シンプルで豪快な料理は、家族や気の置けない仲間とのにぎやかな食卓を演出してくれる。

ピッツァの看板メニュー「マルゲリータ・クレマチス」2,500円。イタリアから空輸でフレッシュなまま仕入れた水牛100%のモッツァレラチーズを贅沢に使用。ここでしか味わえない逸品だ

LUNCH		DINNER	
ピッツァ マルゲリータ・クレマチス	2,500円	箱根西麓野菜の窯焼き	1,900円
ピッツァ クワトロ・フォルマッジ	2,000円	山桜で燻した骨付き豚のスペアリブ	2,200円
パスタ もち豚のボロネーゼ	1,500円	契約農家のバーニャカウダ	1,000円

■ランチタイムの料金の目安　2,000円～　■ディナータイムの料金の目安　3,000円～

Pizzeria & Trattoria CIAO CIAO

駿東郡長泉町東野クレマチスの丘347-1
055-989-8789
11:00～14:30(LO)、17:30～19:30(LO)
休 水曜(祝日の場合は営業・翌日休み)、年末年始
P 200台　HP clematis-no-oka.co.jp

【席数】テーブル40席　【煙草】店内全席禁煙
【予約】ランチは予約不可　【CARD】可　【アクセス】JR三島駅北口より「クレマチスの丘」無料シャトルバスあり(ランチタイムのみ)、新東名長泉沼津ICおよび東名沼津ICより車で約15分　【備考】テラス席はペット同伴可

カジュアルだけど味は一流。気軽に寄れる穴場店

レストラン Bianca

レストラン ビアンカ

裾野市

メインとミニサラダ、ドリンクがセットになっている「ピアット ディドンナ（女性用プレート）」1,080円は、写真の「ミニイタリア風おじや」のほか、「本日のパスタ（ハーフサイズ）」、「フランクフルト&チキン&トマトのチーズ焼きとパン」の3種類から1品を選べる

富士山麓・裾野の高台にあるイタリアンレストラン。オーナーシェフの水野明美さんは、最初は長銀会館で和食の修行を積んだ後、一流ホテルでフレンチを体得。その後、ホテルが招聘したイタリア人シェフに通訳と共につきっきりで、イタリア料理を基礎から学んだ。オリーブオイルやチーズは純正品を、三島の箱根西麓野菜や神奈川県箱根町から届く新鮮な野菜を選び使う。安全で、どんな人にも食べやすい美味しい料理を作るため手を抜かず、一から十まで丁寧に仕事する。

目の前に現れる料理はどれも、つやつやピカピカ。香りが立っていて、派手さはないけれど見るからに美味しそう。一口頬張れば、見た目を裏切らない料理の味に思わずにっこり。シェフと奥さんの温厚で気さくな人柄にも魅せられて、一度訪れたら、大人も子供もこの店が大好きになるのに納得がいく。

1_スープ、サラダ、ドリンクがセットになる「パスタセット」1,200円のパスタとスープは日替わり。この日は「春野菜とビーフのオリーブ風味」　2_「ピアット　ディ ドンナ（女性用プレート）」1,080円で選べる「フランクフルト&チキン&トマトのチーズ焼きとパン」　3_サラダとパン、ドリンクがセットになった「トマトスープ煮込みセット」1,200円。トマトスープにたっぷりの冬野菜、フランクフルト、チキン、ベーコンがゴロリと入った食べ応えのあるスープ　4_野鳥が飛来する姿も見られる　5_自然豊かなロケーション。窓から愛鷹山塊を眺めながら、食事を楽しめる

Menu

LUNCH & DINNER

ピアットウニコ　1,200円　　チキンカリーライス　950円
ビアンカセット　1,500円　　ビアンカ風スパゲッティ1,000円

■ランチタイムの料金の目安　1,000円～（コース料理は2,500円～）
■ディナータイムの料金の目安　1,000円～（コース料理は2,500円～）

レストラン Bianca

裾野市呼子3-1-3
055-997-8032
11:30～15:00、17:30～20:00
休 月・火曜（祝日の場合は営業）
P 6台　HP biancaweb.exblog.jp

【席数】テーブル席12席、個室1室（8～10名）
【煙草】全席禁煙
【予約】ある方がベター（コース料理は要予約）
【CARD】不可
【アクセス】東名高速・裾野ICより車で約7分

品数豊富で選ぶのが楽しい！

TRATTORIA LA MICHELINA

トラットリア ラ ミックリーナ

御殿場市

1_ブラック&ピンクの胡椒があしらわれた「箱根山麓豚の田舎風パテ」980円。肉の味わいが濃厚で、赤ワインによく合う　2_自家製スモークサーモンやアジのカルパッチョなど、さまざまな料理を味わえる「いろいろな前菜8種盛り合わせ」1,250円。「本日のランチ」1,700円にプラス400円で選ぶことができる　3_ゴルフや乗馬、カーレースや、アウトレットでの買い物の後に来店する人も多いそう　4_ワインは、グラスのほか、ボトルの用意も豊富。価格はハーフサイズで2,000円前後から

メニューに目を向ければ、前菜、野菜料理、パスタ、メインでざっと50品。どれにしようか目移りするし、選ぶ間もわくわくする。「リクエストに応えてきたらこんなに増えちゃった」と笑顔で話すのは、オーナーシェフの木佐貫浩史さん。都内のレストランで長らくシェフを務め、手に入る食材の豊富さに惹かれこの地に店を構えた。御殿場や三島の野菜、駿河湾や相模で獲れる魚介は料理に欠かせない。

料理に悩んだら、まずは「いろいろな前菜8種盛り合わせ」をぜひ頼みたい。グラスワインは常に、白3種、赤3種の計6種を用意。黒板に書かれたワインリストは上から順に重くなっていくから、その順に味わうのがおすすめ。もちろん、選ぶ楽しみはランチにも。メニューは、前菜、パスタ、ドルチェとコーヒーがセットになった「本日のランチ」のみだが、前菜は7種、パスタは9種から選べる。選べるって幸せだ。

白身魚とたっぷりお野菜の自家製タリオリーニ」1,650円。塩味のパスタは、アサリと野菜からとる出汁が隠し味。タリオリーニはビーツが練りこんである

LUNCH

本日のランチ　1,700円

DINNER

シェフのおまかせコース（2名～）4,200円または5,300円

本日のお魚のアクアパッツァ タジン鍋煮込み　2,050円

LUNCH & DINNER

天使の海老と魚介入りペスカトーレ　1,750円

採れたてお野菜のバーニャカウダ　1,150円

■ランチタイムの料金の目安　1,700円～

■ディナータイムの料金の目安　4,200円～

TRATTORIA LA MICHELINA

御殿場市東田中2-14-25-105

☎0550-70-1720

🕒11:30～14:00、17:30～21:00

休 月曜（祝の場合翌日）

P 8台　HP michelina.jp

【席数】カウンター2席、テーブル8席

【煙草】全席禁煙

【予約】ある方がベター　【CARD】不可

【アクセス】JR御殿場駅乙女口から徒歩10分

東名高速御殿場IC第1出口より徒歩10分

おまかせ前菜と熱々ナポリピッツァを味わう

L'OASI

ロアジ

清水町

「ピッツァ　マルゲリータ」1,300円。ピッツァはテイクアウトOK

こちらに来たら真っ先にぜひ味わいたいのが、「本日の前菜6種類」だ。店主の畑田健次さんの一日は、その日使う食材を見極めるところから始まる。魚市場や漁師、生産者の元を巡り、その日とびきり美味しい食材を仕入れて回る。手に入れた食材からヒントを得て、その美味しさを最大限に引き出して調理する。必然的に、本場イタリアさながらのライブ感溢れる料理に仕上がり、通い詰めても変化に富む。小皿だから6種類を全部平らげても、本場ナポリから取り寄せた薪釜で焼くピッツァまで美味しく味わえる。

ちなみに、この店へ行く前には直前でもいいので予約をするのがベター。ピッツァを最高の状態で焼き上げるため窯の温度を500℃まで上げ、万全の準備をするためだ。ベストな状態を味わうためなら、そのひと手間もおしくない。

3

1

4

2

5

1_元は銀行だった広い店内。奥には重い扉の金庫跡があり、ワインセラーとして活用している　2_薪釜の温度は約500℃。オーナーシェフの畑田健次さんは、東部のイタリアンレストランのほか、本場イタリア・ナポリやシチリアで修行を積んだ　3_4_5_「おまかせ前菜6種類」1,350円（1人前）の一例。旬の食材を使うため、日替わり。料理名がないものがほとんどだ。例えば、3の太刀魚と旬のしいたけを釜で軽く焼いたシンプルな料理のアクセントは、オリーブのパウダーとカリカリのパン粉。食材に合わせ、理にかなった調理を施す

Menu

LUNCH

ロアジランチ　1,620円

スペシャルランチ　3,500円

LUNCH & DINNER

おまかせ前菜5～7種類　1,150円～（1人前）

ピッツァ各種　1,600円～　　パスタ1,300円～

沼津産鮮魚のアクアパッツザかアルフォルノ（要予約）　時価

■ランチタイムの料金の目安　1,500円～　■ディナータイムの料金の目安　3,000円～

L'OASI

駿東郡清水町卸団地207

☎ 055-955-7401

ランチ11:30～13:30、カフェ13:30～LO16:00
ディナー18:00～LO21:00

休 月曜のディナー、火曜

P 12台　HP Facebookページあり

【席数】カウンター6席、テーブル36席
【煙草】全席禁煙　【予約】ある方がベター
【CARD】2019年4月以降使用可
【アクセス】東名高速・沼津ICより車で約15分

沼津銀座入り口の、陽気な街角トラットリア

Baker's Dozen

ベイカーズ ダズン

沼津市

1_「Antipast mist(前菜盛り合わせ)」1人前1,200円〜(写真は3人前)。ハム4種類、前菜4種類、ブルスケッタ、サラダ、グリッシーニを味わえる 2_パティシエの修行を長く積んだ塩川さんが作るデザートは外せない!食後にぜひ。「タルトタタン」720円 3_ワインのほか、リキュールやスピリッツも揃う。夜はお酒と料理を楽しんで 4_イタリアの陽気な音楽がかかる店内 5_店主でありパティシエとメシづくりをする塩川雅也さん(左)とスタッフが笑顔で出迎える

沼津生まれ沼津育ちの塩川雅也さんはかつて東京世田谷三軒茶屋でお店を経営していたが、沼津の市街地を盛り上げていこうという動きを知り、沼津への帰郷とお店の移転を決めた。農家や漁師との距離はもちろん、人との距離も近い。食材を安心して仕入れられるのも決め手になった。

カウンターの上の黒板にメニューが並ぶ。眺めていると「本日のキッシュ!自信あります!」「名物!色々な貝類のボンゴレ『KAIZUKA』!」とあちこちにある〝!〟を注文してみることをおすすめしたい。早速「KAIZUKA(貝塚)」と名付けられたパスタを注文してみると、パスタの上に色んな貝がぎっしり並ぶ。ビックリな光景に思わず「わあ!」。と、やはり食べる方も声を上げずにいられない。元気をお裾分けしてもらって、足取り軽く帰路につけそうな店だ。

名物「色々な貝類のボンゴレ『KAIZUKA』」1,880円。食べ終えたあとの貝殻がこんもりと盛られた様子がまるで貝塚のように見えたので命名された。パスタの種類はその時によって変わる。磯の香りがたまらない一皿は、海街・沼津でこそ食べたい

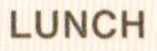

LUNCH

LUNCH MENU（前菜・パスタ・ドリンク）
1,000円（土日は1,200円）

■ランチタイムの料金の目安　1,200〜2,000円
■ディナータイムの料金の目安　2,800〜5,800円

DINNER

ブラータチーズ イチゴとチェリーのマリネ
（ハーフサイズ）880円
色々な貝類のボンゴレ「KAIZUKA」　1,880円
Antipasut mist（前菜盛り合わせ）1,200円〜

Baker's Dozen

沼津市町方町9-1
055-954-2266
11:00〜14:00、17:30〜22:00
休 月曜
P なし　HP なし

【席数】カウンター4席、テーブル11席
個室4室（4〜16名）
【煙草】全席禁煙
【予約】ある方がベター　【CARD】可
【アクセス】JR沼津駅南口より徒歩で10分

母娘二代に愛される、野菜が美味しい店

Mano e Mano

マーノ エ マーノ

富士市

ラビオリの中には、春菊とリコッタチーズのムースがたっぷり。「レディースディナーコース」のみで選べるメニューだ

お客の9割が女性。多くが母と娘の二人連れというこちらは、野菜が美味しいレストラン。野菜を愛してやまないというオーナーシェフの池内洋介さんと奥さんが二人三脚で営む。富士宮の契約農家が栽培する朝獲れ野菜を中心に、新鮮な野菜を使う。夏には、週に一回必ず、蓼科の生産者の元へ野菜を買い付けに行く。また、イタリア・ローマ界隈でしかお目にかかれない野菜・プンタレッラの栽培を富士宮の契約農家に依頼。惚れ込んだ本場の野菜を日常底に使えるよう、努力を惜しまない。

自家製の生パスタを使ったメニューが多く、メニューブックには様々な名前が並ぶ。知らない名前があってもご安心を。サンプルを見ながら丁寧に説明してくれるからだ。気取らない温かなサービスと、食材が個性を発揮しながらも渾然一体となる美味しさを堪能できるのは、同店ならではの魅力である。

1_平日のディナー限定「レディースディナーコース」は、パスタの料金プラス1,050円で前菜盛り合わせ、自家製パン2種、デザート盛り合わせ、コーヒーまたは紅茶がつく。写真は前菜盛り合わせの一例　2_「レディースディナーコース」のデザート盛り合わせの一例。ジェラート専用キッチンで作る自家製ジェラートはやさしい味わい　3_オーナーシェフの池内洋介さん。関西のイタリアンレストランで腕を磨き、富士にお店を構えたのは2000年のこと　4_10種ある自家製パスタのサンプル　5_6_シックで落ち着いた店内

Menu

LUNCH

Aランチセット　1,700円
Bランチセット　3,000円
自家製手打ちパスタランチセット　2,500円

DINNER

シェフおまかせディナーコース　6,500円
平日のペアパスタコース　1人2,750円（2名以上）
土日祝パスタコース　3,000円

■ランチタイムの料金の目安　1,700円～　■ディナータイムの料金の目安　3,000円～

Mano e Mano

富士市今泉2382-1
☎0545-54-2334
⌚11:30～LO14:30、17:30～LO20:00
休 火曜ディナータイム
水曜（祝日の場合は営業、翌日休）
P 8台　HP manoemano.jp

【席数】カウンター8席、テーブル12席
【煙草】全席禁煙
【予約】ある方がベター　【CARD】不可
【アクセス】東名高速富士インターより車で10分

多彩な手打ちパスタでイタリアの郷土料理を新発見

osteria il Garbo

オステリア イル・ガルボ

三島市

手打ちパスタメニューより「あしたか牛ともち豚のボロネーゼのタリアテッレ」。向山さんもしばらく滞在して「思い入れがある」というボローニャの定番料理だ。粗挽きのミートソースが、少し幅広の麺によく絡む

塊だった生地が、マシンを通るたびに見る見る薄く、長く伸びていく。「もともとパスタが好きで、イタリアを回っている時に各地方で全然違うパスタに出合い、その種類の多さと奥深さに面白さを覚えた」という店主の向山創士さん。だから、手打ちパスタを主軸にする店内には、外から見える製麺場を設置し、毎日生パスタを手打ちする。キタッラ、タリアテッレ、アニョロッティ…。一つ一つ材料の配合と厚みを変えて打つ生麺は、それぞれのソースに合った形と食感、風味で楽しませてくれる。

そのこだわりパスタと一緒に味わえるのが、イタリア各地の郷土料理だ。「イタリアンは素材重視」の言葉通り、契約農家の地場野菜をはじめとする厳選食材を、伝統を守りつつ丁寧に仕立てた皿は、素朴で初めてでもどこか懐かしい味がする。故郷のように温かいオステリア料理は、皆で分け合って楽しみたい。

1_店内はシックで落ち着いた店内。2人の利用でも4人用テーブルに案内し、一度に最大6組しか入れないため、ゆったり食事が楽しめる　2_毎日手打ちする生パスタは、定番の6～7種類にプラスアルファでいくつか揃うが、「もっともっと地方のパスタを提供したい」と向山さん　3_「白インゲン豆とあしたか牛トリッパのトマト煮込み」。冬場はグツグツ煮立った熱々が供されるグラタン仕立ての一品　4_地元契約農家の野菜を使った「旬の焼き野菜盛り」。火入れ加減が絶妙な焼き野菜は、料理で使い分ける塩とオリーブオイルのみの味付けだが、際立つ甘みと香りに驚かされる

LUNCH

手打ちパスタランチセット　2,300円
本日のランチドルチェ　パスタランチ+400円
※グランドメニューも注文可

DINNER

杉正農園さんの旬の焼き野菜盛り　1,350円
白インゲン豆とあしたか牛トリッパのトマト煮込み　1,380円
あしたか牛ともち豚のボロネーゼ タリアテッレ　1,600円

■ランチタイムの料金の目安　2,500円～　■ディナータイムの料金の目安　5,000円～

osteria il Garbo

三島市芝本町5-5小出ビル1F
☎ 055-941-7690
11:30～13:30(LO)、18:00～21:30(LO)
※土曜のみ夜は17:30～、ランチは水・木・金のみ営業
休 日曜、第3月曜
P 18:00～のみ4台あり　HP FBあり

【席数】テーブル24席【煙草】全席禁煙【予約】ある方がベター【CARD】夜のみ可【アクセス】JR三島駅南口より徒歩約10分、東名沼津ICより車で約15分【備考】夜はお通し(自家製パン)350円別途必要

伊豆山の森の中にある理想郷で季節のもてなしに舌鼓

旬菜料理 壺中庵

シュンサイリョウリ コチュウアン

熱海市

ある1月の献立「風花」の八寸より。グラスの中身は菜花とカズノコ、ニシン。大皿は厚焼き玉子、八ツ頭のうま煮と金柑の蜜煮、フキノトウ、梅に抜いた京人参を散らして、新年と早春を盛り込んだ。写真は2人前

もう一つの八寸より。貝の器を彩るのは、イカの鹿の子焼き、クワイの揚げ煮、小倉レンコン、チシャトウ、カラスミと大根の球。竹筒の方は、叩きゴボウの入り胡麻和えだ。どれも仕事が本当に丁寧

伊豆山の交差点から九十九折の坂道を車で登ること約10分。森の中に隠れるように佇むのは、元名旅館料理長の栢森貞次さんが営む和食処。窓外の大自然と同化するような木の温もりあふれる店内に響くのは、鳥のさえずりと梢のさざめきばかりだ。

「料理は最初に器を決めてから考える」という栢森さんが皿の中に盛り込むのは、日本の美しい四季。それを旬の食材と、節句など季節の伝統文化で表現する。「一つの素材で300くらい料理ができなければプロとは言えない」。栢森さんは開店から十余年、月替わりの献立で同じ料理を二度出したことがない。その技の幅を生むのが、俳句や華道などで磨かれた繊細な感性だ。誠心誠意を込めて仕度された皿は、季節の妙味を五感で楽しませてくれる。「壺中天」とは、美酒と佳肴があふれる別天地のこと。まさにその理想郷がここにある。

一枚板が見事なカウンター席と大きな座卓が配された店内にあるのは、四季の移ろいだけ。現在は昼のみ、ボリューム満点の本格懐石が3,500円から味わえる

1_店主の栢森貞次さんは、湯河原温泉の老舗料亭旅館「石葉」で調理長を務めた一流料理人。「商売と言うより、趣味的な店にしようと思った」と笑う　2_ある1月の水物・甘味より「杏仁豆腐と亥の子餅」　3_ある1月の献立の椀盛りより「金目鯛のみぞれ仕立て」。栢森さんの料理は「全体的に薄味」が特徴だが、カブのすりおろし汁の優しい味に癒される

LUNCH

3,500円コース　　5,000円コース　　7,000円コース

■ランチタイムの料金の目安　3,500円〜

※価格はすべて税抜

旬菜料理 壺中庵

熱海市泉412-173
0557-80-3224
11:30〜14:00
休 水曜
P 5台　HP kocyuan.jp/

【席数】カウンター5席、座敷12席
【煙草】全席禁煙（外は喫煙可）
【予約】完全予約制（前日まで）　【CARD】不可
【アクセス】JR熱海駅より東海バスで「沖電気健保前」下車・徒歩約2分、東名沼津ICより車で約50分

文化財の宿で美食・美湯・和の伝統美を味わい尽くす

新井旅館

アライリョカン

伊豆市

1_食事処「清渓」には、足場板を使った味のあるカウンター席も　2_ランチは、準特別室・特別室プランを除き全て半個室仕様の食事処「清渓」でいただく　3_国の登録有形文化財指定の館は、匠の意匠が散りばめられて見どころ満載。奥に見える渡りの橋もその一つだ　4_ランチでは、食事や風呂以外の休憩処として個室（写真）か大広間を使用できる2つのプランを展開　5_庭園の中にある木漏れ日の湯や、あやめ風呂など浴場はすべて天然温泉かけ流し　6_昭和9年に造られた天平大浴堂。台湾から運んだ檜の芯去り材を使った柱と下の巨石に圧倒される

807年に弘法大師が開湯し、今は「伊豆の小京都」とも称される修善寺温泉。その歴史深き郷で、日本の伝統文化を大切に守り続けているのが、創業明治5年の新井旅館だ。数多の文人墨客が愛した宿は、明治から昭和初期に造られた建物の大半が国の登録文化財。そんな老舗の魅力が、温泉入浴付きの日帰りプランで体験できる。

昼夜で味わえるのは、宿の味をコンパクトにまとめた「会席御膳」と本格的な「月替わり会席」の2つ。地場の旬菜を用いて丁寧に仕立てた料理は、出汁が引き立つ優しい味で、目も舌も喜ばせてくれる。もう1つの醍醐味は温泉だ。特に、お寺のお堂のような総檜造りの天平大浴堂は圧巻！　貸切風呂とあわせて、「美肌の湯」を存分に楽しみたい。一流の名門宿で、美食と美湯と和の伝統美を味わう。旅行気分で羽を伸ばして寛げば、心も体もリフレッシュできそうだ。

会席御膳の先付と三段重の一例。蓋を開けるのも楽しい重箱に入るのは、お造りと焼き物と揚げ物。魚は沼津や伊東から仕入れ、この後出るごはんも地元銘柄米のコシヒカリを使用。ミニ会席とはいえ、地場の幸と新井旅館の味が、しっかりと堪能できる

※価格はすべて税抜

LUNCH

昼の会食「会席御膳」昼食&入浴　休憩:広間5,000円／個室6,500円　ほか

DINNER

夜の会食「会食御膳」個室夕食&入浴　9,000円

夜の会食「月替わりあらゐ会席」個室夕食&入浴　標準室13,500円／準特別室22,000円／特別室26,000円

■ランチタイムの料金の目安　5,000円～　■ディナータイムの料金の目安　9,000円～

新井旅館

伊豆市修善寺970

0558-72-2007

昼11:30～〈個室〉14:00・〈広間〉15:00、夕〈標準室〉16:00～20:30、〈準特別・特別室〉15:00～21:00

休 昼は木曜　P 40台　HP araіryokan.net

【席数】カウンター4席、テーブル12席、個室31室(他に宴会場あり)【煙草】全席禁煙【予約】完全予約制(3日前まで)【CARD】可【アクセス】伊豆箱根鉄道修善寺駅より伊豆箱根バスで「温泉場」下車・徒歩約3分、修善寺道路修善寺ICより車で約2分【備考】日帰りプランは基本2名より受付。お子様ランチあり。会席御膳プランは別途入湯税150円必要

正直な職人仕事でひと時の幸せを饗する

まきじ　きざし

マキジ キザシ

沼津市

1_「僕らの仕事は『喜ばせ競争』みたいなもの。いかにお客様を喜ばせられるか」と親方の小田島長次さん　2_12月のある日に登場するのは、新潟産の「セイコガニ」。11月からわずか2か月間しか出回らない雌のズワイガニ　3_寒い冬には、手作りこんにゃくなどが入った温かいおでんが登場　4_冬の食事の一例で、「興津川のアユと銀杏の炊き込みご飯」。興津川の天然アユは一度焼くのがポイント　5_沼津の高層マンションの2階にあるとは思えない、スタイリッシュなカウンター割烹　6_お洒落な店には、KENZOのワインなどもラインアップ

打ち水された通り土間の先に現れるのは、端然として美しいカウンター。約10年前に転居した際、「明けの明星」を表す「きざし」を名に加えた店は、沼津屈指の割烹だ。

「和食の喜びは、季節と出汁と器」と、親方の小田島長次さん。昼夜完全予約制の店には献立がない。それはゲストのことを思い、その季節、その日旬の食材で組み立てるから。常に盛り付けたての最もおいしい瞬間を食べてほしいと、一から丁寧に仕立てて行く。「逃げず、気を抜かず、正直にやる」。まさに、目の前で繰り広げられる繊細で小気味良い手仕事に、ごまかしはない。きちっと引かれた出汁と匠の技により、持ち味の極限まで追求したいと表現された素材たちは、美しい皿の上で生き生きと輝き、食べる者を至高の幸せで満たしてくれる。さりげなく心を尽くしたもてなしは、清風が吹き抜けたように心地良い。

三重の的矢産しか使わないというカキは、キリッと辛みの効いたもみじおろしがベストマッチ。生は濃厚な旨みがダイレクトに味わえるが、お願いすれば焼いたり、フライにしたりもしてくれる

Menu

LUNCH
昼の御献立　5,000円

DINNER
夜の御献立　10,000円～

■ランチタイムの料金の目安　5,000円～　■ディナータイムの料金の目安　10,000円～

まきじ　きざし

沼津市魚町5番地201-1 シャリエ御成橋2F
055-951-0223
12:00～14:00、18:00～21:00
休 日曜
P 1台　HP makiji.com

【席数】カウンター8席、テラス4席（夏季の昼のみ）
【煙草】全席禁煙
【予約】完全予約制　【CARD】可
【アクセス】JR沼津駅南口より徒歩約12分
【備考】子ども不可

沼津割烹の最高峰で至福の境地を体験

沼津倶楽部　割烹 映

ヌマヅクラブ カッポウ エイ

沼津市

ディナー「双葉コース」のメインの一例で「とちぎ和牛のロースト」。火入れが絶妙な肉は、箸でスッと割けるほど柔らかく、三島産のネギを使ったコクある味噌をつけなくてもうまい。余分な装飾はせず、一つ一つに存在感を持たせた皿は、潔く、ごまかしがない

茅葺の重厚な長屋門をくぐると、その先に広がるのは、まさに非日常の世界。黒松の木の間を進めば、やがて現れる風雅な数寄屋の邸宅に心が躍る。ここは、旧ミツワ石鹸の二代目三輪善兵衛が明治40年に造った別邸。今は併設する宿の食事処を兼ねるが、由緒ある一流割烹での会食は、昔も今も地元人の憧れであることに変わりはない。

「和食には日本ならではの繊細さがある」。素材の存在感が際立つ青木料理長の皿は、細やかな庖丁使いが生む洗練された素朴美がある。そこには、定石にとらわれない独自の工夫が潜むのも魅力。例えば椀物の鯛は、皮を取るのとは真逆に、ウロコ焼きで使う。出汁の薫る優しいすり流しの中で、ウロコの香ばしいアクセントが楽しい一品だ。その料理は、邸に宿る昔職人の技と粋に重なって行く。非日常の世界で過ごす特別な時間は、至福の境地を体験させてくれる。

1_「マカジキの昆布締め」。ほんのりと昆布の風味が乗りつつ、マカジキ自体の旨さも味わえる。たっぷりのあしらいとともにリンゴのドレッシングでいただく　2_春の椀物「うすい豆のすり流し」。アマダイのウロコ焼きとフキノトウの天ぷらの下には、地元名物・大中寺芋が潜む　3_静岡の地酒も6種類揃い、「地酒巡り3種」（1,800円）として飲み比べで楽しむこともできる　4_洋間の中に網代天井など和の意匠が散りばめられたサロン。戦後は戦災復興の協議の場にもなったそう　5_メインダイニング。当代随一と言われた江戸幕府小普請方大工棟梁の柏木家十代目・祐三郎が手掛けた数寄屋造りの建物は、国の登録有形文化財指定の貴重な数寄屋建築

Menu

LUNCH

二階堂　5,500円
若葉コース　7,700円
春日コース　10,000円

DINNER

双葉コース　12,000円
極みコース　20,000円

※価格はすべて税抜

■ランチタイムの料金の目安　5,500円～　■ディナータイムの料金の目安　12,000円～

沼津倶楽部　割烹 映

沼津市千本郷林1907
☎ 055-954-6611（代表）
🕒 11:30～13:30（LO）、18:00～19:30（LO）
休 水曜（ランチは土・日・祝日のみ営業）
P 16台　HP numazu-club.com

【席数】テーブル30席、個室1（2～8名）
【煙草】全席禁煙
【予約】完全予約制（3日前まで）　【CARD】可
【アクセス】東名・沼津ICまたは新東名・長泉沼津ICより車で約20分

由緒ある屋敷で和の心とともに噛みしめたい名物そば

手打蕎麦処 多賀

テウチソバドコロ タガ

熱海市

1_揚げ台を2つ用意して常にフレッシュな油で揚げる天ぷらも一級品。定番の「まいたけ天ぷら」(1,000円)は、大ぶりカットでボリュームも満点　2_3_元は函南町の豪商・大井五左衛門の邸で、それを日向利兵衛が昭和5年に別荘として移築。その際、ドイツの建築家ブルーノ・タウトが工事監督をしたという店舗　4_本日のオススメより「かます天ぷら」(550円)　5_もう一つの名物「厚焼き玉子」(800円)。天城の大自然の中で良質の飼料を食べて育った鶏の卵を使用

黒光りした梁が圧巻の吹き抜け土間に、季節の表具が床の間を飾る広やかな客室。伊豆多賀港を望む荘厳な古屋敷は、元はアジア貿易商人・日向利兵衛が、築約200年の函南の名主宅を移築した別荘。この由緒ある建物で営む多賀は平日でも開店前に列ができる名物店だ。

「そばの8〜9割は原料で決まる」。何より素材を大事にする店主の渡辺裕さんは、茨城を中心とした複数の産地の契約農家から、収穫期に一年分の玄そばを仕入れ倉庫で低温保存。毎日、必要な分だけ自家製紛する。少し粗めの新鮮な粉で打つ二八そばは、コシが強いのが特徴だ。よく噛みしめれば、芳醇なそばの味と香りが堪能できる。そんな一級の品は、日本の文化が生きる一流の空間に、見事に融合して行く。「食べるだけでなく、ここで日本の心を感じてほしい」と渡辺さん。ぜひ、和の神髄を丸ごと楽しみたい。

「せいろそば」700円。そばは安定供給するために、茨城を中心に青森と長野産を使用。ご主人の渡辺さんは、自家製粉のパイオニアである東京の「本むら庵」で修業。つけ汁も、本鰹枯節を掃除し、蒸してから削って取った出汁がキリッと効いた関東風だ

LUNCH

せいろそば　700円／二枚重ね　1,200円
厚焼き玉子　800円
そばがき　1,150円
江戸前穴子天ぷら　1,000円
そば寿司(1日限定4皿)　500円
蕎麦宴会席料理コース(要予約)　3,500円～

■ランチタイムの料金の目安　500円～

手打蕎麦処 多賀

熱海市上多賀798
0557-68-1012
11:00～16:00(LO15:50)　休 木曜
P 20台　HP tagasoba.jp/

【席数】テーブル19席、座敷44席(一部個室使用可能)【煙草】店内全席禁煙(外は喫煙可)【予約】可能だが多少待つ場合もあり。会席は2日前までの完全予約制【CARD】不可【アクセス】JR伊豆多賀駅より徒歩約13分、東名沼津ICより車で約60分【備考】そば粉販売あり

原点、ここにあり！握りで〆たくなる鮨屋

鮨処 匠

すしどころ たくみ

沼津市

「コース」6,000円で味わえる握りの一部。左から、中とろ、炙り中とろ、ウニ。扱うのは生の本マグロだけ。旨味はしっかりしていながら、軽やかな風味。バフンウニの濃厚な甘みは、言葉が出ないほどの味わい

お茶とワサビが美味しくて、気候がよくて人がいい。そんな理由で沼津に店を構えたのは2007年のこと。昼は上または特上の握りのみだが、夜は刺身と焼き魚または煮魚と一緒に握りを味わえる「おまかせ」を注文したい。美しい指でテンポよく握る鮨は、まろやかな酸味をまとったシャリが口の中でほろりと解け、魚の旨味を引き立てる。鮨に添えられる自家製のガリは、甘みが少なくすっきり。これまた鮨との相性がいい。

豊洲や沼津港を中心に取り寄せる旬の魚を木製のケースから取り出し、店主が生き生きと楽しげに握る姿を目の前に見られるのは、鮨屋ならではの醍醐味。酒の合いの手をつまみながら、鮨好きの店主との会話を楽しみ、確かな仕事を眺めていると、また一貫頼みたくなってしまうから不思議だ。ここは、鮨屋の原点を思い出させてくれる粋な店なのだ。

1_金目鯛、真アジ、スミイカ、ほっき貝、コハダが並ぶ「特上にぎり」4,000円の一例。魚そのものの旨味はもちろん、コハダのようにきっちり締めた締めものとのメリハリを楽しむのも醍醐味　2_「コース」6,000円では、穴子と玉子もお目見えする。ふっくらとした口上がりが心地よい穴子と玉子のコンビネーションがたまらない　3_冬限定の一品料理「白子」400円。濃厚な食味とポン酢の爽やかな香りがよく合う　4_栃の木の一枚板のカウンターに座って、店主との会話を楽しみたい　5_カウンターのほかは、個室が3室。一室2～12名で利用できる

LUNCH	DINNER
特上にぎり　3,800円	特上にぎり　4,000円
	コース　6,000円

■ランチタイムの料金の目安　2,500円～　■ディナータイムの料金の目安　4,000円～　※価格はすべて税抜

鮨処 匠

沼津市御幸町18-6
055-933-1772
12:00～14:00（LO13:30）
17:30～22:30（LO21:30）
休 月・火曜のランチタイム
P 8台　HP なし

【席数】カウンター5席、個室3室（2～12名）
【煙草】一部喫煙可
【予約】あるほうがベター　【CARD】可
【アクセス】JR沼津駅南口より徒歩15分

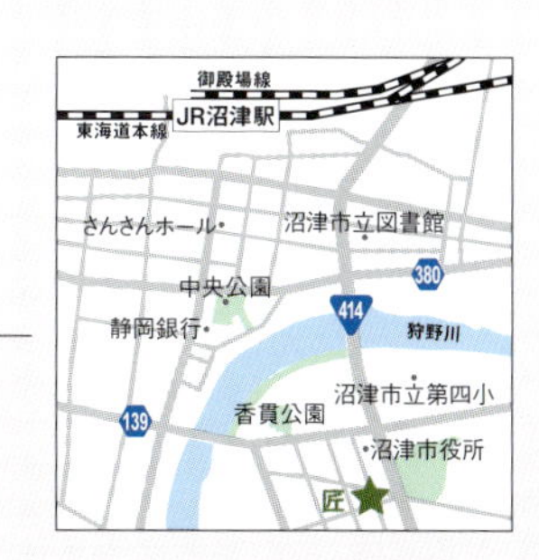

丹念で小粋な職人仕事に感服！三島の和風会席

お料理 たん観

タンカン

三島市

1_この日の煮物は、丸大根の田楽とシイタケの揚げ浸し、シイタケしんじょうに季節野菜をあしらった　2_刺身には寿司が一貫付くのも特徴の一つ。この日のネタは、マグロ、スズキ、ヤリイカの刺身にコハダの握り　3_口火を切る先付は、「変わり豆腐」で季節とコースへの期待感を演出　4_デザートの「ラムレーズンのロールケーキと青梅のバニラアイス」　5_6_石川さん自身で描いた画や刺繍作家の実妹が手掛けた作品など、随所に手作りのものが散りばめられた店内は、やはり温もりがある

２匹の赤鯛が遊ぶ手掘りの看板と、野菜の刺繍が入った愛らしい暖簾。三島の繁華街でほのぼのと迎えてくれるのは、品書きは昼夜コースのみという小料理屋。こじんまりした空間は心安く、肩肘張らずに、上質な職人仕事を楽しむことができる。

「やり出すと、どうも収まりがつかなくて」と苦笑する店主の石川さんは、何でも自ら作らなければ気がすまない根っからの料理職人。例えば、和食の甘味はフルーツなどが定番だが、「いくらおいしくても、ただ切っただけみたい」だから羊羹やケーキを仕立て、おせちのかまぼこまでも手作りする。そんな手間をかけた丹念な仕事は、目にも美しく、優しい口当たりや旨さとなって感動を呼ぶ。とはいえ堅苦しさがないのは、粋な器使いや時に洋食の趣も加えるなど、遊び心が満ちているから。気の利いた心尽くしの料理は、ぜひうまい酒とともに楽しみたい。

小皿いっぱいに盛られた八寸は、石川さんの真骨頂。例えば左下の「牛タンの八丁味噌仕込み」は、和風タンシチューのようだが、創意工夫にあふれた品々は、変化のある味も量も大満足。コースでは、最後の食事に土鍋の炊き込みご飯が出るのも自慢だ

LUNCH & DINNER

6品コース　4,000円　　8品コース　5,500円　　※それ以上のコースも対応可能

■料金の目安　5,000円～　　※価格はすべて税抜

お料理 たん観

三島市本町12-20 高田ビル1F
☎ 055-972-1677
⏰ 11:30～13:00、18:00～23:00（LO21:00）
休 月曜（他に臨時休業あり）
P なし　HP tan-kan.net

【席数】カウンター3席、テーブル12席、個室1（座敷4名）【煙草】全席禁煙【予約】昼は前日までの完全予約制、夜はある方がベター【CARD】不可【アクセス】JR三島駅より徒歩約10分または伊豆箱根鉄道三島広小路駅より徒歩約5分【備考】子ども連れは個室のみ可

富士山麓の旅籠で、滋味あふれる料理を堪能

小さな旅籠 寿庵

ちいさなはたご じゅあん

富士宮市

「旅籠料理」5,000円で食べられる「寿庵なべ」。根野菜はつやつやとろとろ。あっさりまろやかな味だから、いくらでも食べられそう

畳の間の入り口にある小さなつくばいで手を洗い、年代物の火鉢がある部屋の掘りごたつ席の食卓へ。窓の外には雄大な富士山。掛け紙に毛筆で描かれた可愛らしい〝顔文字〟に思わずにっこり。飾らないもてなしに、心がスッと解き放たれる。

こちらは、1日1組限定の小さな旅籠。何もしないという贅沢を楽しみに、多くの人が訪れる。滞在スタイルは宿泊がメインだが、希望すれば、夕刻からのひととき、食事のみの利用が可能だ。料理は、宿主の中川迦士さんが古書を読み解き、ヒントを得た創作料理が中心。中でも、前日から10種の地元野菜を1つ1つ下ごしらえしてから合わせ、8時間かけて鉄鍋で煮る「寿庵なべ」は、やさしくてほっとする味。設えも料理もどこか懐かしく、故郷を訪ねているような気持ちになる。郷愁に浸りのんびりゆったり過ごしたい場所である。

1_春の野菜畑をイメージした前菜。青海苔の緑の下には、豆腐の大地。根を張るように、小さな人参や大根、ごぼうが植えられていて、楽しみながら食べられる　2_この日の食前酒は「ヤマモモ酒」。シャーベット状のものを目の前で器に盛ってくれる　3_富士宮特産の黒米を使い、赤富士をイメージ　4_揚げ物には、かきもちのほか、春を知らせるふきのとうの天ぷらも　5_りんごとさつまいものデザート。りんごの酸味とさつまいものほっくりとした甘みの組み合わせが上品　6_7_情緒ある空間は、時間を忘れてくつろげる

Menu

DINNER

日本酒 湧水仕込本醸造「寿庵」3,000円
旅籠料理5,000円、6,500円、8,000円（税抜）

■ディナータイムの料金の目安　5,000円～

小さな旅籠 寿庵

富士宮市上井出3469-9
☎ 0544-54-2626
営 食事は17:00～希望に応ず
休 不定休
P 10台
HP www2.wbs.ne.jp/~juan-web/index.htm

【席数】1～20名まで対応可
【煙草】全席喫煙可
【予約】完全予約制　【CARD】不可
【アクセス】富士宮道路 上井出ICより車で5分

献立で季節の移ろいを知る。感性揺さぶる料理たち

旬彩料理　ひさご

しゅんさいりょうり ひさご

富士市

1_炊き合わせは、里芋、南瓜、冬大根、近江蒟蒻、スティックセニョール、スケソウダラの子。それぞれの旨味と食感が活き活きとし、箸が進む　2_チリ一つない清潔さに、店主の姿勢が現れているように感じる　3_造りでは、マグロ、鯛、シマアジ、ヒラメの昆布締めのほか、走りの筍やこごみが並ぶ。添えられた黄金柑の風味がうっすら筍に移り、爽やかな春の味わいに。土佐醤油でいただく

節分、節句、七夕、十五夜。八寸を眺めると、その時期の童謡が自然に思い浮かぶ。季節の食材を使い季節の歌を再現した小さな世界が器の上に広がっていて、眺めると心が華やぐ。「できる限り、ベストを尽くすことしかできなくて」と、店主。毎日食べたい料理を出したいと、フランス料理から日本料理の道を選び、今日まで来た。

昼こそお品書きに丼やお弁当、昼懐石の名が並び、バラエティ豊かだが、夜はコースのみを提供。50～60もの食材を組み合わせ、季節の味わいをどう表現するか、食材を前にじっくり考え、1つの流れを作り上げる。食材には、走り、旬、名残があり、旬の食材を中心に、季節変わりをいち早く知らせる走りとその季節の最後となる食材の組み合わせを大切にする。季節を料理で味わうという日本料理の真髄を教えてくれる店である。

「夜のコース」5,250円の先付と八寸。枡に豆が入っており、節分の時期の八寸だということが一目でわかる。お多福の器の中には、旬のナマコを使ったナマコ酢が。ふぐ皮の琥珀寄せ、サーモンの砧巻き、イワシの小節和えなどが並び、見目麗しい

LUNCH		DINNER	
海鮮丼と麺のセット	1,050円	酒の肴コース旬	3,675円
四季弁当	2,625円	酒の肴コース彩	4,725円
昼懐石	3,675円	会席料理旬彩	5,670円

■ランチタイムの料金の目安　1,050円～　■ディナータイムの料金の目安　4,000円～

旬彩料理　ひさご

富士市瓜島町90清和ビル1階
☎0545-57-2050
🕐11:00～LO13:30、17:30～LO21:00
休 日曜、祝日　　P 5台　　HP なし

【席数】カウンター9席、テーブル1席
個室2室（6～16名）
【煙草】ランチタイムのみ全席禁煙
夜は座敷のみ喫煙可
【予約】ある方がベター　【CARD】不可
【アクセス】東名･富士ICより車で5分

店主の情熱が生む至高のニジマス料理に驚嘆

和風料理 花月

ワフウリョウリ カゲツ

富士宮市

自慢の「ニジマスのお造り」は、まず見た目から白身の美しさにほれぼれしてしまう。一般によく供される赤身の刺身は、まさにサーモンの風味だが、この白身魚は、本当にタイやヒラメのよう。むしろ、旨みはそれ以上かもしれない。定食や会席の一品として味わえる

「私は、ニジマスはサーモンよりおいしいと思っています。あらゆる面でいい味を出せるし、これほど素晴らしい魚はない」。こう断言する岩見安博さんのニジマスへの情熱は、並ではない。その最高傑作が「白身の造り」だ。

本来、ニジマスは白身魚で、エサの色で身が紅く染まる。一般的に供される刺身は朱色が主流だが、店主は白身にこだわり、地元の柿島養鱒に店専用の池で特別生産してもらう。さらに、それを活きで仕入れ、清涼な井戸水に塩ワカメを入れた店の生け簀で約1か月育てて味を乗せていくのだ。海水魚に近い状態に熟成した美しい白身の刺身は、味も食感もタイやヒラメに匹敵するうまさ。料理によって赤身も使うが、味わえばきっと、ニジマスの概念が覆されるはずだ。ウナギ料理や無農薬で自家栽培する野菜の天ぷらなども自慢だが、ぜひ、ニジマスのポテンシャルの高さを体験してほしい。

1_定食で供される「ニジマスの塩焼き」 2_ウナギ料理も人気。写真は「うな重」で、他に野菜の小鉢とデザートが付く 3_会席で供される「ニジマスの冷燻」。冬場の夜の寒い中で一晩燻製をかけ、それを冷凍した逸品 4_ホウレン草のお浸し(左)と大根と里芋の煮物。特にこの「おたふく大根」のとろける感じが最高 5_店主の岩見安博さんと女将の文子さん 6_佇まいは格式があるが、カウンターなら一人でも気軽に利用できる 6_店内は、それぞれ設えの異なるテーブル席の個室が4つある

Menu

LUNCH

花月のランチ(数量限定) 1,200円～

LUNCH & DINNER

にじます定食 2,000円
うな重 3,200円
造り定食 2,000円
天ぷら定食 1,800円
にじます会席 4,000円
ミニ会席 3,000円

※価格はすべて税抜

■ランチタイムの料金の目安 1,200円～ ■ディナータイムの料金の目安 3,000円～

和風料理 花月

富士宮市矢立町737
☎ 0544-23-4141
🕐 11:30～14:00、17:00～21:00
休 月曜
P 8台 HP shizuoka.j47.jp/kagetsu

【席数】カウンター5席、個室4(テーブル4席×3室、8席×1室) 【煙草】全席禁煙
【予約】ある方がベター 【CARD】不可
【アクセス】東名・富士ICより車で約10分または新東名・新富士ICより車で約6分

大人のリゾート施設でお手頃ランチを堪能

熱海倶楽部リゾート&スパ　百山茶寮

アタミクラブリゾート&スパ　モモヤマサリョウ

熱海市

北海道から取り寄せるベーコンは、ドイツの岩塩を一つ一つ手作業で練り込んで作られたこだわりの逸品。バジルソースが脂身の甘みを一段と引き立てている

クラブハウスに歩み入ると、目前に現れるのは、青い空と海の大パノラマ。地上300mから見晴らす相模湾と熱海市街地の雄大な景色に、心が解放されていく。熱海倶楽部は、昭和14年開場の名門ゴルフコースと宿泊施設からなるリゾート&スパ。その中にあるのが、ミシュラン一つ星の料亭「赤坂潭亭」がプロデュースした展望レストランだ。

熱海ゆかりの芸術家の作品が趣を添える上質な空間では、ホテル仕様でありながら、リーズナブルな定食ランチが味わえる。和洋中豊富なメニューの中でも、特徴は、アジ丼や刺身定食など相模湾や駿河湾で揚がった鮮魚料理の充実。まさに熱海のホテル施設ならではの贅沢だ。さらに、夜も要予約で季節を先取る和風懐石が堪能できる。ゴルフ場利用者は源泉かけ流し温泉も利用可。絶景コースでプレーと美食を楽しみ、プチリゾート気分に浸るのもオススメだ。

1_2_ランチのオススメ「百山御膳」(1,900円)。分厚いベーコン3切れをメインに、マグロと地魚の刺身、サラダと小鉢、デザートの水菓子などがセットになった豪華な膳は、ボリュームも満点! **3_4**_宿泊施設・迎賓館の食事処も兼ねるダイニングは、眺望が圧巻。ゴルフや宿泊利用がなくても、一般のレストランとして入店できる。カッシーナ・イクスシーのモダン家具が、さらに寛ぎの時間を演出

Menu

LUNCH

百山御膳　1,900円
まぐろ丼　1,700円
あさり重　1,650円

DINNER

和風懐石コース　8,800円

■ランチタイムの料金の目安　1,400円～　■ディナータイムの料金の目安　8,800円～

熱海倶楽部リゾート&スパ　百山茶寮

熱海市伊豆山1171
☎0557-82-5335
営10:00～16:30(ランチLO13:30)
休なし　P44台　HP atamigolf.jp

【席数】テーブル38席、個室1(2～8名※2時間2,500円)【煙草】全席禁煙
【予約】夜は完全予約制　【CARD】可
【アクセス】JR熱海駅より車で約7分
【備考】別途サービス料10%必要、中学生未満の利用不可

和食の基本を守り作る、季節を感じる創作和食

季節の円居 utsugumi

きせつのまどい ウツグミ

三島市

1_2_ランチプレート「風花」2,000円の一例。毎日焼くだし巻き玉子（2,160円）は定番の味。蓬豆腐やかにの揚げしゅうまいなど、バラエティ豊か。豚の角煮は、2時間蒸して仕上げており、あっさり、とろとろの食感を味わえる　3_熱海から取り寄せるすり身、ズワイガニ、極みじん切りの玉ねぎだけで作られる「かにしゅうまい」は、コース「木漏れ日」「蛍火」「萌し」で味わえる人気の一品　4_夜のコース「蛍火」「萌し」で味わえる「蓮根饅頭と蛸の柔らか煮」　5_席と席の間隔が広く、ゆったりと過ごすことができる

和食の料理人である父の背中を見て育ち、自分も同じように毎日出汁を引いて食材に丁寧な仕事を施す。店主の小田島恵さんが店を構えたとき、まず食べてもらいたいと真っ先に思ったのが、父直伝の「かにしゅうまい」だ。熱海から仕入れるすり身にズワイガニを合わせたしゅうまいは、昼も夜もコースで味わえる。ふわふわのしゅうまいを出汁につけて頬張れば、カニの甘みと旨味が口の中に広がる。これをお目当てに来る人も少なくない。

例えば、久しぶりに会う友人と訪れたとき。話したいことが山盛りで話が弾むと、この店は、何も言わなくても会話がひと段落するまでそっと待ってくれる。その後運ばれる料理は、冷たいものは冷たく、温かいものは温かく、今度は料理と会話を楽しめる。食べる人を心にかけ料理を作る店主の心が伝わり、じんわりやさしい気持ちになる。

ランチのコース「木漏れ日」3,500円と、ディナーコースで味わえる「炊き込みご飯」。こちらのコースは予約が必須なのでお忘れなく

Menu

LUNCH
風花　2,160円
木漏れ日　3,780円

DINNER
蛍火　5,400円
萌し　7,560円

■ランチタイムの料金の目安　2,160～3,780円　■ディナータイムの料金の目安　5,400～7,560円

季節の円居 utsugumi

三島市萩720-12MANOビル1F
☎055-987-0358
🕐11:30～14:00、18:00～21:30
㊡不定休
Ⓟ3台　HP Facebookページあり

【席数】カウンター4席、テーブル14席
【煙草】全席禁煙　【予約】ある方がベター（ディナーは要予約・2組のみ）　【CARD】不可　【アクセス】伊豆縦貫道萩インターからすぐ。新東名・長泉沼津ICより車で5分

料理と器で旬を愛でる、正統な日本料理

司季彩庵 久呂川

しきさいあん くろかわ

御殿場市

撮影の料理は「通常コース」5,500円の一例。サワラの西京味噌焼、滋賀のベンガラこんにゃく、ローストビーフなど、美味しいものが並ぶ「焼き八寸」。コリコリとした食感が楽しい290番菌の椎茸のような、未知の食材とも出会える

玄関から広間へ向かう一室に、数多の器が並ぶ。大きさも色も形もさまざまな美しく個性あふれる器たちが、今か今かと出番を待つ。主役となる料理を作るのは、東京・向島の料亭で日本料理の道へ入った店主の黒川和巳さん。銀座や赤坂の料亭などを経て、その腕を請われ小田急グループへ。「山のホテル」「ハイランドホテル」などの日本料理長として采配をふるった後、別荘地に近い御殿場・二の岡で日本料理の店を始めた。

完全予約制で味わえるのは、コース料理のみ。豊洲直送の食材のほか、地元の美味しい野菜や新たな食材を取り入れながら作る。ふぐやアワビ、伊勢海老、蟹を使った料理のリクエストにも対応する。季節の花に彩られた美しい八寸から始まる日本料理の流れの中で、目と舌でじっくり旬を味わう。器を舞台に繰り広げられる料理の、繊細な世界観を存分に楽しんでほしい。

1_「お造り」は、ヒラメ、イカ、マグロ。美しいあしらいが刺身を引き立て、目にも楽しい　2_牧之原の静岡空港に近い地域で栽培される海老芋は、とろける食感。白味噌のやさしい甘さが、海老芋と餅をやさしく包む　3_節分の季節には、おかめの器に金平糖を入れて出迎える。心配りに気持ちが華やぐ　4_広間のほか個室の用意も。壁には片岡球子の富士山の絵が掛かる

LUNCH

季節のおまかせコース　3,800円～

LUNCH & DINNER

おまかせコース　5,500～20,000円

■ランチタイムの料金の目安　4,000円～　■ディナータイムの料金の目安　5,500円～

司季彩庵 久呂川

御殿場市二の岡1-1
☎ 0550-82-5747
営 11:30～15:00、17:00～22:00
休 水曜
P 12台
HP shikisaiankurokawa.web.fc2.com

【席数】座敷28席、個室3(2~28名)
【煙草】一部喫煙可
【予約】完全予約制　【CARD】可
【アクセス】東名・御殿場ICより車で約3分

刺身の定食がお値打ち！沼津港の穴場的存在

たか嶋

たかしま

沼津市

1_「刺身定食」は、お腹の皮を炙ったメジマグロやカンパチ、生アジ、甘エビ、カンパチなどが味わえて1,000円　2_「地魚入りおまかせ寿司」2,200円。生アジの美味しさは沼津ならでは　3_定食はお店の左側で味わう。テーブルや座敷席のほか、カウンター席がある　4_天ぷらを揚げるのは、稲垣季之さん。この道20年のベテランだ　5_板前の加藤秀男さんは、寿司と刺身を担当。カウンター越しに気さくに対応してくれる

暖簾をくぐると「いらっしゃい」と、女将さんの威勢のいい声が出迎える。その声に〝今、沼津の港に来てるんだ〟とワクワクしてくる。沼津で寿司と言えば「双葉寿司」を思い出す人は多いはず。こちら「たか嶋」は双葉寿司の支店で、寿司屋が選ぶ上等な魚を手頃な値段で食べさせる、沼津港の穴場的存在だ。美味い刺身を味わえるという期待が高まる。

店の入り口の右側に寿司カウンター。テーブル席や座敷席がある左側で、定食を味わえる。お昼の一番人気は「たか嶋定食」。注文を受けてから、寿司カウンターの中で板さんがサクに刃を入れ、定食カウンターの向こうで職人が天ぷらを揚げる。新鮮な刺身とサクッと軽い天ぷらに舌鼓。ボリュームも満点だ。また、カウンターで食べる寿司も気軽にぜひ。昼も夜も、板さんが目の前で握る寿司を食べる醍醐味を味わえる。

刺身と天ぷらを味わえる「たか嶋定食」1,190円。刺身に使う魚は「双葉寿司」と同じ仕入れ。味噌汁と白米がつく。男性でも満足できるボリュームだ

LUNCH

天丼　1,080円
刺身定食　1,080円
たか嶋定食　1,190円

LUNCH & DINNER

上寿司　1,840円
上ちらし　1,940円
天ぷら盛り合わせ（1人前）　2,160円
刺身盛り合わせ（1人前）2,250円

■ランチタイムの料金の目安　1,100円～　■ディナータイムの料金の目安　3,000円～

たか嶋

沼津市千本港町115-3
☎055-951-5105
🕐11:30～14:00、16:30～20:00
日・祝11:30～20:00　休 火曜
P 4台（提携駐車場あり）　HP なし

【席数】カウンター7席、寿司カウンター10席
テーブル4席、座敷24席
【煙草】全席禁煙
【予約】不要　【CARD】不可
【アクセス】東名・沼津ICより車で約20分

日本料理が大切にする、季節の素材の旨み

きっさこ

キッサコ

御殿場市

Eastern Shizuoka Lunch & Dinner

大人の時間を

和食

「コース」5,400円の焼き物「御殿場地鶏と白アスパラ、芽キャベツ、タラの芽」。肉質はもちろん、皮も厚い御殿場地鶏の美味しさを、じっくりと火を通して引き出した一品。肉も野菜もそのままでも十分旨いが、青々としたふき味噌と春の香りを運ぶ桜オイルとともに食べるのもいい

メニューを開くと、その日のおすすめが手書きで並ぶ。この店では、日本料理が大切にする全体を一つの流れに組み込むコース料理のほか、一品料理も充実。初めての来店ならお好みで、それがもし気に入ればコースをぜひ頼んでみてほしい。

例えば、春は甘鯛、夏は鱧、秋には松茸、冬はふぐ。季節の素材が持つ旨味を大切に扱う料理を味わえる。カウンターの向こう側にある厨房で料理を作る店主の岩渕貴弘さんは、食べる人のお腹に丁度よく収まるよう、味付けや切り方などを微調整する。予約がカウンターから埋まっていくのは、店主の隠れた配慮と、調理の様子を目の前で見られるライブ感が、食事を一層美味しくするからだろう。しっかり食べて呑んでも、駅まで徒歩1分の道のりはすこぶる軽やか。料理と酒に、快く酔い痴れることができる店なのだ。

1_「コース」のお椀「蕪のすり流し　かにとバイ貝の真薯」。ふわりとした真薯は、バイ貝の食感がアクセント。カブの甘さが引き出されたすり流しは最後まで食べたくなる味わい　2_「コース」の揚げ物「甘鯛と青さの揚げ物　すだちとちり酢添え」。サクサクの甘鯛とちり酢がよく合う。青さには塩がしてあり、そのまま食べると海の香り　3_店に入ると真っ先にカウンター越しに厨房が見える。厨房の中でキビキビと料理を作る店主の岩渕貴弘さんは、東京の人形町や銀座、丸の内の日本料理店で腕を磨き帰郷。「きっさこ」を開けたのは2010年3月のこと

DINNER

コース料理（8～9品）　5,400円

本日のおすすめ（常時10品程用意）　400～1,500円

■ディナータイムの料金の目安　6,000円～

※価格は消費税増税後改定の予定あり

きっさこ

御殿場市新橋1998中田プラザ1F
☎0550-84-8008
🕒18:00～24:00、金・土・祝前日～25:00
休 日曜
P なし　HP なし

【席数】カウンター6席、座敷8～16席、個室1室（7～16名。6名以下での利用は応相談）
【煙草】その他（状況によって）
【予約】ある方がベター　【CARD】可
【アクセス】JR御殿場駅富士山口より徒歩1分

温故知新の食文化を大切にする店

農 minori

ミノリ

御殿場市

3

1

4

2

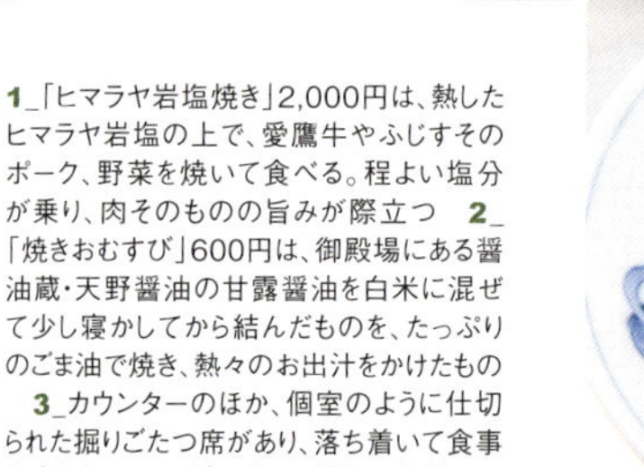
1_「ヒマラヤ岩塩焼き」2,000円は、熱したヒマラヤ岩塩の上で、愛鷹牛やふじすそのポーク、野菜を焼いて食べる。程よい塩分が乗り、肉そのものの旨みが際立つ　2_「焼きおむすび」600円は、御殿場にある醤油蔵・天野醤油の甘露醤油を白米に混ぜて少し寝かしてから結んだものを、たっぷりのごま油で焼き、熱々のお出汁をかけたもの　3_カウンターのほか、個室のように仕切られた掘りごたつ席があり、落ち着いて食事を味わえる　4_池田さんが探しても見つからず、SNSで呼びかけてようやく見つけた「みくりやの味」という郷土料理のレシピ本。この本のレシピを、季節ごとに再現したメニューも登場する

「御殿場の食材の素晴らしさを伝えたいんです」とは、店主の池田洋一さん。生産者と消費者を結ぶ「旬の会」を主宰し、セリザワマルシェのロメインレタスやミニトマト・あっこひめ、かつまたファームの健太トマトや山芋など、地元食材を積極的に紹介。時には地元の人ですら知らない新たな食材に出会うこともある。献立には四季折々の地の食材を盛り込むから、同じプレートを注文しても、季節はもちろん日によっても内容が変わる。食育にも力を注ぎ、小学校で食の五味の知識を伝える「味覚の授業」を実施。初夏に食べる「箱寿司」のような地域の特色ある料理も提供し、食文化全体を大切にする。「御殿場ではこういう野菜が獲れるんだ」「昔はよく食べた」「これ知ってる！」こんな風に、食の話題で会話が弾むのはこちらならでは。食卓を囲む美味しく楽しい時間を、過ごせるのだ。

地元食材と自社農園の野菜を使って作る「みくりや御膳」2,000円。昼も夜も味わえる。季節の小鉢、5種のお造り、煮物、サラダ、焼き物、揚げ物が並ぶ。蒸し野菜は美味しさがぎゅっと凝縮され美味。ご飯は、白米、発酵玄米、焼きおむすびから選べる

Menu

LUNCH

みのりランチ　1,200円

DINNER

おまかせコース　3,500～4,000円
特選コース　5,000円
農の贅沢コース　6,000円

LUNCH & DINNER

愛鷹牛ステーキ丼　2,000円
みくりや御膳　3,000円
すそのポーク溶岩焼き　1,500円

■ランチタイムの料金の目安　1,200円～　■ディナータイムの料金の目安　1,500円～

農 minori

御殿場市川島田136-1レジデンスN's102
☎ 0550-78-7922
🕒 11:00～14:00（LO13:30）
17:30～22:00（LO21:30）　休 火曜
P 3台　HP revisiondw3.sakura.ne.jp/minori2018/

【席数】カウンター8席、座敷20席、個室3（3～20名）
【煙草】全席禁煙
【予約】ある方がベター
【CARD】不可
【アクセス】JR御殿場駅富士山口より徒歩で約20分

記念日を彩る心地いいもてなしと美しい料理

日本料理 円庵

にほんりょうり まるあん

沼津市

1_「特別四季懐石」6,000円〜の焼き魚は、桜鱒とアワビ　2_「特別四季懐石」6,000円〜の先付八寸の一例。錦糸巻きや海老の柴煮、柚子柿、ぬたが並ぶ。オシドリの器がかわいらしい。器から季節を感じられるのも、日本料理の楽しみ　3_「特別四季懐石」6,000円〜の中の一品「穴子寿司」。有馬山椒のピリッとした刺激と叩き木の芽の香りがアクセント。木の芽の鮮やかな緑と穴子の色と質感のコントラストが美しい　4_「特別四季懐石」6,000円〜のお造り。赤貝、ヤリイカ、鯛、車海老が並び、冬から春へと季節の移ろいを感じさせる　5_個室は4室あり、カジュアルな掘りごたつ席のほか、静かな完全個室も。大切な人との時間を過ごすのにおすすめ

店主の吉田武さんは、京都つる家で料理人としての人生を歩み出し、以来45年もの間、日本料理の王道を歩み続ける。魚は信頼する仲買におまかせ。旬の活きのいい魚が豊洲と沼津港から届く。「宵越しの魚は使わない」と吉田さんはキッパリ。といっても、冬の時期だけ味わえるふぐだけは話が別だ。活きがいい2〜2・5kgのとらふぐの丸の身を捌き、さらしを巻いて一晩寝かしてから食べるのが一番美味しいのだそう。薄造りの絶妙な歯ごたえ、じわじわと染み入るふぐちりの美味さは言わずもがな。

昼も夜もコースの利用が多いという「円庵」の店内は個室がメイン。会食はもちろん、両家の初顔合わせや結納の席に選ばれることが多いという。料理が出てくる間合いが絶妙で、大切な席に選ばれることに合点がいく。心地いいもてなしと美しい料理が、生涯一度の今日という日に華を添える。

お昼の「懐石弁当」2,000円。お造り、焼物八寸、炊き合わせ、ちらし寿司がお重の中に。茶碗蒸し、デザート、コーヒーが付く。この日の炊き合わせは、トコブシと鯛の奉書巻き。八寸のゆずの器の中にはナマコ酢が入っている

LUNCH	DINNER	
懐石弁当　2,000円	四季懐石・休　6,000円	ふぐ鍋コース（冬季のみ）　8,000円
雅膳　2,000円	四季懐石・利　8,000円	すっぽん鍋コース　10,000円
円膳　1,620円	四季懐石・千　10,000円	

■ランチタイムの料金の目安　1,100円～3,800円　■ディナータイムの料金の目安　8,000円～

日本料理 円庵

沼津市大手町1-2-1フォーラム壹番館1F
☎ 055-962-6464
⏰ 11:30～14:00、17:00～22:00
休 日曜
P なし　HP なし

【席数】カウンター7席、テーブル4席
座敷4室（8～16名）
【煙草】全席喫煙可
【予約】要　【CARD】可
【アクセス】JR沼津駅南口より徒歩3分

日本古来の食を伝える唯一無二のご馳走そば

蕎麦 ふく田

ソバ　フクデン

沼津市

「とろろそば(冷)」1,300円。牧之原産の静岡在来原種の自然薯を擦ったとろろは、汁を加えて自分で溶くのだが、もちのような粘り強さと大地を感じる風味が圧巻

八の字を描くように盛られた細めのそばは、キリッと角が立ち、透き通るように美しい。「ウチの切り幅は、江戸そばの基本『一寸23本切り』で1・3㎜くらい。でも、最初の鉢が良くなければキレイには切れません」。特に十割の場合は、わずか2〜3滴の水分量が勝負。福田茂さんが打つそばは、繊細でありながら、香り高くてしなやかだ。

「他ではマネできないものを出す」が信条の福田さん。その食材の探求は半端ではない。例えば、とろろに使うのは、全国で数軒しか扱っていないという静岡在来原種の自然薯。汁で溶けないほど強い粘りと風味が圧倒的だ。その他、羅臼昆布や枕崎産本枯節など、どれもがこだわり尽くしだが、共通するのは、手間暇かけ、古来の製法を守り続ける至宝ばかり。「食を通じて、日本の伝統的なものの良さを知ってほしい」と語る職人の店で、唯一無二の本物を味わいたい。

1_毎朝石臼で粉を挽き手打ちするそばはつなぎなしのため、ものの25秒でゆで上がる　**2**_「本鴨せいろ」（1,300円）は、青森県産の本鴨を使用　**3**_「和牛すじ」（650円）は、東京の老舗仲卸・吉澤畜産から仕入れる銘柄和牛のすじ肉を使った贅沢な一品　**4**_生芋から手作りする「さしみこんにゃく」（650円）　**5**_高齢化による農家の減少で、玄そばは店主自ら発掘した南信州上村産以外のものも使うが、本物の味を求めて、著名人も多数来店。最近は若い客も増えているそう

LUNCH & DINNER

天せいろ　1,780円
もりと季節のおかず盛合せ　1,500円
とろろそば（冷・温）　1,380円
本鴨南ばん　1,380円
和牛すじ　700円

■料金の目安　1,300円～

蕎麦 ふく田

沼津市岡宮1433-1
☎ 055-926-7284
🕐 11:00～18:20（LO）
休 月曜（祝日の場合は営業し火曜休み）
P 10台　HP なし

【席数】座敷22席【煙草】全席禁煙
【予約】不可　【CARD】不可
【アクセス】JR沼津駅南口より富士急行バスで「東高入口」下車・徒歩約1分、東名・沼津ICより車で約3分
【備考】年末のみそばの持ち帰り販売あり

三島駅前。路地裏で、日本料理と日本酒を

屯

たむろ

三島市

1_シメには農家直送の米で炊く土鍋炊き御飯をぜひ。「しらすと梅しそ」1,380円は、しらすと梅肉と大葉が渾然一体となり、まさしく“いい塩梅” 2_カウンターの奥に座敷がある。時には一人で、時には連れと肩を寄せ合いながら、杯を交わすのも楽しいひととき 3_豚バラ角煮と煮玉子」790円。とろけるように柔らかな角煮は味がしっかり染みていていながらもあっさりとした味わい 4_日本酒は石井さんが本当に気に入ったものだけを置く 5_「桜海老の出し巻き卵」590円。桜海老の風味と出汁の香りが絶妙なコンビ。ふわとろの食感がたまらない一品

大阪をはじめ、赤坂や銀座などの日本料理の老舗で15年、板前の腕を磨いた石井大介さん。修業の間ずっと気になっていたのは、自分が作った料理を食べる人の様子を見られないこと。料理を作り自らもてなすことをしたくて、大店から個店へ。風軒の店で接客を経験し、今のスタイルに落ち着いた。カウンターは5席。さらに座敷に8名座れば満席という小さな店だが、本格的な日本料理と旨い酒を気軽に味わえると評判になっている。

気に入って置いている日本酒は10〜15種類。「知れば知るほど奥が深く幅が広くて、すっかり魅了されました」と石井さん。暦が変われば酒はもちろん、料理も変わる。日本料理の調理法は〝切る・煮る・焼く〟が主でどれもシンプルだからこそ、刺身のツマまで手を抜かない。ふらりと一人で来る客も多く、料理と酒と店主との会話を楽しむ時間を、銘々に過ごすのだ。

信頼する仲買から仕入れる魚は新鮮そのもの。この日の刺身「おまかせ五点盛り合わせ（2人前）」1,480円には、シメサバ、カツオ、かます、ボタンエビ、金目鯛が。焼くと旨味が増すカマスは、軽く炙って酢で締めてある。金目鯛は肝も味わえる

DINNER

厚切り牛タン塩麹焼き　980円
季節の鮮魚のなめろう 韓国のり添え 690円
日本酒1杯　690円～

■ディナータイムの料金の目安　4,000円～

※価格はすべて税抜

屯

三島市一番町12-1SKビル1F
055-900-9176
17:00～24:00（LO23:30）
休 日曜
P なし　HP Instagramあり

【席数】カウンター5席、座敷8席
【煙草】全席喫煙可
【予約】ある方がベター
【CARD】不可
【アクセス】三島駅南口より徒歩で3分

玄米を軸とした体に優しく心に楽しい健康ごはん

玄米レストラン　ぜんな

ゲンマイレストラン　ゼンナ

伊豆の国市

看板の「本日のランチプレート」。魚介に加え、なるべく無農薬の地場物を使う野菜もたっぷり。サーモンの西京焼きや里芋まんじゅうの吉野がけなど、北川シェフの創作和食はクオリティが高く、出汁も羅臼昆布と血合い抜きの鰹節で取るこだわりぶりだ

伊豆の大仁で、70年以上前から玄米食による「食養」を提唱してきた沼田勇先生。その志を継いだ娘の西脇葉子さんが、皆にもっと玄米を広めたいと2016年に開店したのが、この玄米レストランだ。ただ、完全な食養では窮屈なため、店内は素足で寛げる家庭的な雰囲気にし、食の縛りも緩く設定。沼田先生の教えから、玄米ごはんとヒジキ、青菜、ゴボウを摂ることを基本に、肉と牛乳、合成添加物は一切排除した料理を提供する。

人気は、10種類ほどのおかずが乗る本日のランチプレートだ。見た目はカフェ飯風だが、茶懐石を学んだ北川シェフの創意工夫あふれる料理は本格的。こだわりの出汁で仕立てた品は味わい深く、ボリューム満点でも、化学調味料不使用だから重たさを残さない。そして何より、1日以上寝かせて栄養が増した玄米ごはんは、噛むほどに地味深く、食の原点を気づかせてくれる。

1_「沼田博士スペシャル」は、「胡麻塩玄米おにぎりと海藻、青菜を食べ続けることで、健康で長生きできる」と説いた沼田勇先生の推奨食材にゴボウを加えて仕立てた、究極の健康ごはん　2_左からシェフの北川増美さん、世話好きな店長の櫻井よし江さん、オーナーの西脇葉子さん　3_地元農家が栽培した無農薬野菜やこだわりの食材も販売　4_「抹茶とほうじ茶のパフェ」&「チョコレートパフェ」。他にもケーキやアイス、玄米餅のおしるこなど、充実したスイーツは全て卵と乳製品不使用だ　5_店オリジナルの「酵素ジュース」(左)と「ビワの葉茶」など、ドリンク類も身体に優しいものが揃う　6_ナチュラルで開放的な店内は、靴を脱いで素足で入るのが特徴。床暖房も設置しており、本当に心身ともゆったりと過ごせる

Menu

LUNCH
ランチプレート　1,500円
沼田スペシャル　500円
お子様プレート　800円

DINNER
シェフおまかせコース料理　3,000円/4,000円/5,000円

■ランチタイムの料金の目安　500円〜　■ディナータイムの料金の目安　3,000円〜

玄米レストラン ぜんな

伊豆の国市大仁475
0558-76-1073
11:00〜16:00(LO15:30)
ディナーは4日前までの要予約
休 水曜　P 16台(第2駐車場含む)　HP zenna.jp

【席数】テーブル34席　【煙草】全席禁煙　【予約】昼はある方がベター、夜は4日前までの完全予約制　【CARD】不可　【アクセス】伊豆箱根鉄道大仁駅より徒歩約2分、伊豆中央道・大仁南ICより車で約3分

大切な人との時間を彩る野菜たっぷり創作中華

御殿場チャイニーズ　たから亭

ごてんばチャイニーズ　たからてい

御殿場市

ナスの香り炒め」1,180円は人気ナンバー1メニュー。高温でカラリと揚げたナスに、細かく刻んだ干しエビ、ザーサイ、ネギ、生姜が絡み、香り豊か。軽めの塩味が後を引く

目の前に現れる料理からは、いい匂いが漂い食欲をそそる。香りと食感を意識した料理には、山椒や八角、麻辣醤といった調味料をバランスよく使用。サクッ、カリカリ、もっちり、ふわふわ。色々な食感が生まれるよう、調理法にも工夫を凝らす。いろんな味と舌触りが面白くて、あれもこれもと欲張っても胃もたれしないのは、油通しの後は油をよく切り、炒め油には太白ごま油を使うから。油分をまとい艶めく野菜は、契約農家が無農薬で育てる大地の恵み。旬を味わう今月の料理は、アラカルトならではのお楽しみだ。もちろん、コースのラインナップも充実。昼ディナーや記念日という、大切な人と料理を味わうコースプランもある。というわけで、今日は誰と一緒に行こうか。と、幅広い使い方ができる店として覚えておくと便利。豊かな香りの先に広がるひとときを、大切な人とシェアしてほしい。

1_揚げたての大エビに、冷たいマヨネーズソースを絡めた「エビの特製マヨネーズソース(2尾入り)」1,180円　2_塩唐揚げにオリジナルのよだれ鶏ソースをかけた「揚げよだれ鶏」880円　3_「干し豆腐とザーサイの香り油和え」780円　4_個室風に仕切られている店内。カウンター席や座敷席もある。人数に合わせてセッティングするので、心地よい時間を過ごせる　5_富士湧水ポークの豚トロ、モモ、バラ、レバー、ロースハム、ベーコン、チャーシューで作る「チャーシュー入りパテ」880円

Menu

LUNCH

シェアランチSET　1人3,000円
(注文は2名以上)
たから定食　2,160円(水･木･金曜のみ)

LUNCH & DINNER

セレクトコース　4,800円
昼ディナー　1人5,400円･7,560円
揚げよだれ鶏　950円

■ランチタイムの料金の目安　2,000円～　■ディナータイムの料金の目安　4,000円～

御殿場チャイニーズ　たから亭

御殿場市東田中1766-7
☎0550-82-0224　🕐11:30～LO14:00
(火曜はランチのみ休)、17:30～LO21:00
休 月曜(祝の場合営業、翌日休)、毎月2回火曜休
P 30台　HP takara-tei.co.jp/

【席数】カウンター4席、テーブル42席、座敷36席、個室3(7～36名)　【煙草】全席禁煙
【予約】あるほうがベター　【CARD】可(ディナーのみ)
【アクセス】東名高速御殿場IC第1出口より車で3分
【備考】ディナータイムのみ未就学児は入店不可

老若男女に愛される熱海中華のパイオニア

中国菜室 壹番

チュウゴクサイシツ イチバン

熱海市

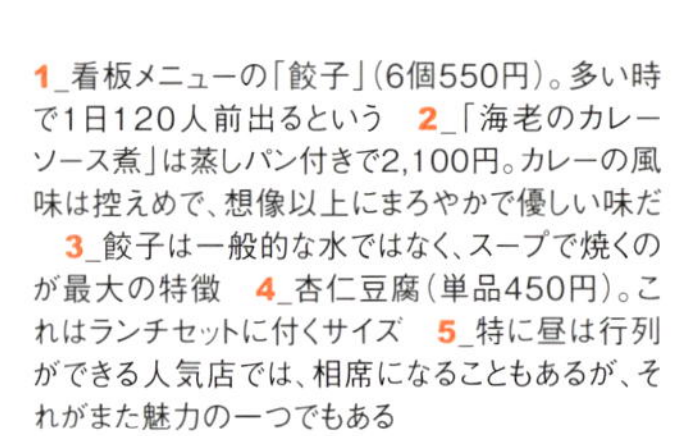

1_看板メニューの「餃子」(6個550円)。多い時で1日120人前出るという 2_「海老のカレーソース煮」は蒸しパン付きで2,100円。カレーの風味は控えめで、想像以上にまろやかで優しい味だ 3_餃子は一般的な水ではなく、スープで焼くのが最大の特徴 4_杏仁豆腐(単品450円)。これはランチセットに付くサイズ 5_特に昼は行列ができる人気店では、相席になることもあるが、それがまた魅力の一つでもある

緑のベルベットのイスに白いクロスを敷いたテーブル。上品な空間は、まさに古き良き時代の上海の食堂のよう。1978年に創業し、時代に先駆けて麺飯店から路線変更した店は、今や、熱海一番と言っても良いほど評判の正統派中国料理屋だ。

一流著名人も虜にする料理は、「油は必要最低限量しか使わない」と松田料理長が語るように、軽くて食べやすいのが特徴。例えば、前菜で人気の「蒸し豚のガーリックソース」は、ピリ辛ダレが実にコク深い一品だが、濃厚でもしつこくなく、辛さにも嫌みがないので、みんなでおいしく味わえる。実際、3世代にわたる利用客も多いそうだが、老若男女誰もが安心して食べられるケレン味のない料理こそが、長く愛される所以だろう。「皆さんの思い出に入らせてもらえる店であり続けたい」とオーナーの天羽一善さん。ぜひ、家族や仲間とともに訪れたい一軒だ。

「蒸し豚のガーリックソース」(1,300円)は、どちらも手切りというキュウリに豚肉を巻いて食べる一品。ピリ辛ダレが絶品で、前菜だが、小ライスを一緒に頼むのがオススメだ

Menu

LUNCH
平日限定ランチセット(A・B・C)　1,100円
壹番麺　1,000円
天津飯　1,050円

DINNER
蒸し豚のガーリックソース　1,300円
黒酢のスブタ 1,850円
海老のカレーソース煮　2,100円

LUNCH & DINNER
餃子(6個)　550円
叉焼入りチャーハン　950円

■ランチタイムの料金の目安　1,700円〜　■ディナータイムの料金の目安　3,000円〜

中国菜室 壹番

熱海市咲見町7-48 咲見町ハイツ103
☎ 0557-83-4075
🕒 11:30〜14:00(LO)、17:00〜20:00(LO)
休 木曜
P 1台　HP なし

【席数】テーブル28席
【煙草】全席禁煙
【予約】昼は予約不可、夜はある方がベター
【CARD】不可
【アクセス】JR熱海駅より徒歩約8分

手軽なランチから本格コースまで味わえる広東料理店

香港ダイニング 龍七彩

ほんこんダイニング りゅうのにじ

富士市

4,500円以上のコースでは「ヨシキリザメの醤油煮込み」が味わえる。繊維が太く食べ応えのあるフカヒレと、豊かな味わいのスープがたまらない一品

食材と調味料を駆使する広東料理は、料理のバラエティが豊か。様々な野菜や海産物の持ち味が活きた料理が多い。オーナーシェフの戸田博夫さんは、東京都内の老舗中国料理店で腕を磨いた後、さらなる研鑽の場として香港に一年滞在しており、本場の広東料理を日本人好みの味にアレンジして提供する。

ランチタイムと平日のディナータイムには気軽なセットメニューが用意されている他、昼夜ともにコースは2000円からあるので、シーンに合わせて利用できる。記念日など祝いの席には、シェフが得意とする料理を一通り味わえるコース「真珠」をぜひ味わってみてほしい。「北京ダック」や「ヨシキリザメの手ビレ醤油煮込み」などの中華の王道が堪能できる上、乾杯ドリンクがいっぱいついて大変お得。点心の「大根もち」や「パリパリ春巻」はファンが多く、コースに追加したり、予約時にオーダーするお客も少なくない。

1_「北京ダック　龍七彩スタイル」は、コースでのみ提供。パリパリと香ばしい鴨の皮に自家製の甜麺醤を塗り、ネギとキュウリを一緒に蒸しパンに挟んでいただく　2_「ロブスターの香港風ニンニク蒸し」は香港ではオーソドックスな味付けでファンの多い一品　3_コースで適用される蒸し点心やデザート、珍しい中国茶も人気　4_人数に合わせてテーブルのレイアウトを変更でき、貸切営業にも対応

LUNCH

定番エビチリランチ　950円
週替わりランチ　950円
フカヒレレディスセット　1,500円

■ランチタイムの料金の目安　1,000円～
■ディナータイムの料金の目安　2,000円～

DINNER

コース「龍七彩」7,000円※
コース「真珠」　5,000円※

※「真珠」のみ税込・ワンドリンク付（他税抜）。4,500円以上のコースは3日前まで、その他のコースは前日までに要予約

LUNCH & DINNER

大根餅（2枚）　400円
パリパリ春巻（2本）　580円
エビチリ（玉子付き）　1,300円
五目あんかけ焼きそば　900円
フカヒレ姿煮つゆそば　1,680円

香港ダイニング 龍七彩

富士市中野211-8
☎0545-77-9122
🕘11:00～14:30（LO13:30）
17:30～21:00（LO20:00）
休 日曜・祝日、年末年始　P 10台
HP http://ryunoniji.i-ra.jp

【席数】カウンター2席、テーブル18席、個室1（個室はコース予約に限り利用可）【煙草】全席禁煙【予約】ある方がベター【CARD】不可【アクセス】新東名高速新富士ICより車で約5分

山上の絶景の中で味わう美しき伊豆スパニッシュ

Auberge Feliz

オーベルジュ フェリス

伊豆市

ディナーのサラダ「菜園のフラワーアレンジメント風」。思わず歓声が上がる一皿には、平均約24種類の旬菜が乗る。もちろん花も食用。まるで、畑で野菜は花を摘みながら食べているような気分になる

曜日限定のランチで味わえる名物「駿河湾の海の幸の恵み　恵比寿のパエリャ1999」。手長海老をはじめイカ、アサリ、白身魚など6種類ほどの海鮮が入る贅沢な料理は、食べるほどに旨みを吸ったごはんの味や食感の違いも楽しめる

ワインの木箱を模した個性的な建物の2階に上がると、突如開ける田方平野の壮観な景色に言葉を失う。修善寺の静かな山上にあるのは、スペイン料理のオーベルジュ。オーナーシェフの谷田部さんが、地中海沿岸に似たこの地で再現するのは、駿河湾の海鮮と地場野菜をふんだんに使った伊豆スパニッシュだ。

テーマは「全く絵を飾っていない美術館」という館内を代わりに彩るのは、眼前の絶景と華麗で芸術的な一皿。例えば、シェフの真骨頂「菜園のフラワーアレンジメント風」は、本当に花咲く野菜畑のような美しさだ。色鮮やかな旬野菜を、生、ゆでる、焼くの3つ調理法と約8種類の自家製ソースで味わう皿は、目も舌も心も華やぐ。食材の約7割が野菜で、塩分控えめ、デザート以外は砂糖不使用だから、皿数は多くてもとてもヘルシー。大切な人との会話も弾む空間は、幸せなひと時を約束してくれる。

ディナーより「駿河湾のタルタル 海の幸・新芽・ハーブ」。こちらも3種類のソースで変化が楽しめる

一面ガラス張りのダイニングから見晴らすのは広大な田方平野。右手には箱根連山、左手には城山と葛城山越しに富士山の山頂が望める。温泉場と同じ修善寺にあるとは思えない環境だ

1_気候が良ければ、外のテラス席で寛ぐのもオススメ　2_オーベルジュには客室が5つあり、源泉かけ流しの温泉も完備　3_ディナーの食事の最後を締める「駿河湾の恵み バスク風スープ」。魚の骨やエビの殻などからじっくり出汁を取って煮詰めた一品　4_「一番の贅沢は、摘み取った野菜やハーブをすぐにお客様に提供する『Farm to Table』」とオーナーシェフの谷田部茂也さん

LUNCH	DINNER
パエリヤランチ　3,900円	13皿のコース　9,000円
デザート付コース　5,000円	

■ランチタイムの料金の目安　3,900円〜　■ディナータイムの料金の目安　9,000円〜

Auberge Feliz

伊豆市修善寺4280-47
☎0558-73-2377
🕒11:30〜12:30(ラストイン)、18:30〜19:00(ラストイン)
休 木曜(ランチは火・水曜のみ営業)
P 5台　HP grupo-feliz.jp

【席数】テーブル10席【煙草】全席禁煙(隣のラウンジは喫煙可)【予約】完全予約制(ランチは前日まで2人から、ディナーは3日前まで)【CARD】可【アクセス】東名・沼津ICまたは新東名・長泉沼津ICより車で約40分、伊豆箱根鉄道修善寺駅より車で約15分【備考】ディナーは宿泊客優先のため満室の場合は予約不可

一級の鉄板技と会話でもてなす気鋭の焼き職人

鉄板焼 会

テッパンヤキ カイ

沼津市

「厳選黒毛和牛のステーキ」。この日は宮城県産フィレと北海道産サーロイン。食べ比べ式のメインは、ランチの「景」以外全コースで提供。毎回その場で焼く添え付けのガーリックチップも絶品だ

「ジュワ〜」という音とともに、目の前の肉塊から魅惑の焦げ香が立ち上る。「ポイントは高温で焼かないこと。ウチは180〜200度ですが、そうすると肉の中までふんわりと仕上がります」。鉄板に注意を払いつつ、杉山シェフは人好きのする笑顔で力説する。店で扱うのは、主人自ら吟味した上質の和牛のみ。そのフィレとサーロインを食べ比べる形で提供するのが特徴だ。一方で、「肉以上にこだわっているかも」と言うのが、夫人の実家で育てた無農薬野菜や、沼津のほか北海道からも届く極上の海鮮類。特に、焼き野菜は際立つ甘みに驚かされるが、「それは作り手の良さ」と杉山さん。加えて「鉄板で素材の魅力を最大限に引き出し、生産者の思いも伝えることが自分の使命です」と語る。出会いとつながりを大切にし、楽しい会話を生む焼き職人の店は、特別な空間でありながら、どこかほっこり温かい。

1_和牛をハーフ&ハーフで提供するのは、近年フィレに嗜好が偏りがちな中で、両方を食べてほしいから　2_アワビもディナーの「星花」コースやアラカルトで楽しめる　3_月替わり料理が楽しめるディナーの「会」。写真はある月のアミューズで、知床鶏のもも肉にワイルドライスとポルチーニ茸を詰めたガランティーニ　4_オーナーシェフの杉山雄太さん　5_魚介類は、沼津港のほか、妹さんの嫁ぎ先である北海道からも定期的に入る　6_2015年オープンの店は、客同士が顔を合わせずにすむ逆L字型のカウンターが特徴

LUNCH		DINNER	
景（黒毛和牛本日のオススメ部位コース）	2,700円	会（月替りオススメコース）	8,500円
道（厳選黒毛和牛コース）	4,500円	牡丹（厳選黒毛和牛食べ比べコース）	5,500円
ハンバーグランチ（事前予約・数量限定）	1,500円	星花（伊勢海老orアワビ付季節の特選コース）	10,000円～

■ランチタイムの料金の目安　3,000円～　■ディナータイムの料金の目安　9,000円～10,000円

※価格はすべて税抜

鉄板焼 会

沼津市上土町100-1
055-954-1001
11:30～15:00(LO13:45)、17:30～22:30（LO21:00）　休 月曜（臨時休業あり）
P なし　HP teppanyaki-kai.com

【席数】カウンター10席、テーブル8席 【煙草】全席禁煙 【予約】昼は完全予約制、夜はある方がベター 【CARD】可 【アクセス】JR沼津駅南口より徒歩約10分または伊豆箱根バスで「上土」下車すぐ 【備考】テイクアウトメニューあり

漆黒のドミグラスソースが際立つ料理に舌鼓

キッチン空

キッチンそら

三島市

1_ナイフを入れるとジュワっと肉汁があふれる「クラシックハンバーグ」1,180円。平日は14:30以降、土日は終日オーダー可能　2_その日使う分のドミグラスソースが終了したら、店じまいするそう　3_ウィスキーが好きだという店主の百合映剛さんのセレクト。料理と一緒にぜひ　4_アンティークな印象の店内。インテリアや置いてある本から、店主の趣味が垣間見える

真っ黒な見た目のビーフシチューやハンバーグに一瞬戸惑うが、口にすればサラッと滑らか。こちらの料理の命とも言える漆黒のドミグラスソースは、その語源となるドゥミ＝半量、グラス＝煮詰めるという言葉に、まさしく忠実に作られている。まずは野菜や牛スジ肉を10時間ほどかけてコトコトと煮て漉してから、14時間ほど寝かす。この工程を7～10日繰り返した後、すでに出来上がっているドミグラスソースに継ぎ足し、味を整え完成するのだ。

色はどっしり重たいけれど、艶やかでシルキーな見た目通り、軽くて上品な味わい。深い味が後を引き、次をまた頬張りたくなる。夜は料理と一緒にウィスキーをぜひ。お一人様でもゆったり過ごせるよう、相席はお願いしないのが店のポリシー。時間をかけて作られる料理こそ、ゆったりと、時間をかけて味わいたい。そんな願いも叶えてくれる。

口にすればホロリと肉がほどけ、ソースと一体化する「ビーフシチュー」2,300円を単品で味わえるのは14時以降。ランチタイムには、サラダとライスまたはパンがついて2,500円

Menu

LUNCH

ランチオムライス　1,480円

ワンプレートランチ　980円

DINNER

クラシックハンバーグ　1,180円

ビーフシチュー　2,300円

オムライス　1,100円

■ランチタイムの料金の目安　980円〜　■ディナータイムの料金の目安　980円〜

キッチン空

三島市広小路11-27

055-976-3607

11:30〜21:00 ※売り切れ次第終了

休 火曜

P なし　HP なし

【席数】カウンター4席、テーブル10席

【煙草】全席禁煙

【予約】不要　【CARD】不可

【アクセス】伊豆箱根鉄道駿豆線三島広小路駅より徒歩で約2分

炭火焼鶏と酒と地の食材を、思う存分楽しむ

炭と酒 YAKITTORIA INAHO

すみとさけ ヤキットリア イナホ

御殿場市

「焼鶏　おまかせ5本」950円。右からささみワサビ、モモ、セセリ、ペタ、つくね。御殿場の太陽チキンを使用。ペタはぼんじりの先端部分。ひと串に5羽分を使用している。「おまかせ5本」は、同じ日に注文しても、テーブルによって内容が変わるし、お代わりすればまた違った串を食べさせてくれる。熱々を食べられるように、焼き上がりを数本ずつ提供してくれるのが嬉しい

トラットリアではなく、ヤキットリア。炭と焼鶏が焼ける匂いが禁煙の店内に充ちて、入るなりゴクリと喉が鳴る。キュッと絞った手拭いで指を拭い、まずは冷えたビールを一杯。唇に触れるグラスの感触が心地いい。初めてでも通い慣れても、最初の焼鶏はまず、「おまかせ5本」を頼みたい。ペタやツナギといったメニューにはない串を味わえるからだ。焼き台のすぐ上にある黒板には料理の名前がズラリ。「素材からきちんと作業を重ねたものを出したいんです」と店主の坂元俊輔さん。自家製生ハムはその最たるもので、鶏、豚、鹿、鴨、猪、牛の7種を手をかけ作る。盛り合わせなら全てを味わえる。

　料理全てに思い入れがあり、用意する酒にも理由がある。店主と奥さんの人柄と仕事ぶりに身を委ね、好きなように食べて呑んで楽しむ。気づけばとっぷり日が暮れて、シメまですっかり味わってしまう、そんな店だ。

1_「自家製生ハム7種盛合わせ」1,800円。左上から牛、猪(バラ肉)、鶏、鴨、羊、豚、中央に鹿。1品ずつオーダーすることもできるが、盛り合わせで違いを楽しみたい　2_料理はメニューブックのほか正面の黒板にも。席は、カウンター6席と4人がけのテーブル席が3つと小ぢんまり。予約をしてから出かけるのがおすすめだ　3_店主の坂元さんと奥さん。顔を見るとほっとする、穏やかな人柄が魅力　4_「季節の地野菜　バーニャソース」860円。美しく盛られた色とりどりの旬の野菜は地元産。地元の美味しい素材を活かした料理を作る

DINNER

焼鶏 おまかせ5本　950円
季節のサルシッチャ　860円
自家製生ハム7種盛合わせ　1,800円
竹炭どら焼きとミルクアイス温かい抹茶がけ　560円
鶏ガラスープの焼きおむ茶漬け(のり・ウメ・ワサビ)　680円

■ディナータイムの料金の目安　5,000円～　　※消費税増税時に価格改定あり

炭と酒 YAKITTORIA INAHO

御殿場市萩原738
☎0550-82-0601
🕓17:00～LO22:30
休 月曜、その他不定休
P 5台　HP Instagramあり

【席数】カウンター6席、テーブル12席
【煙草】全席禁煙
【予約】ある方がベター
【CARD】可
【アクセス】JR御殿場駅富士山口より徒歩10分

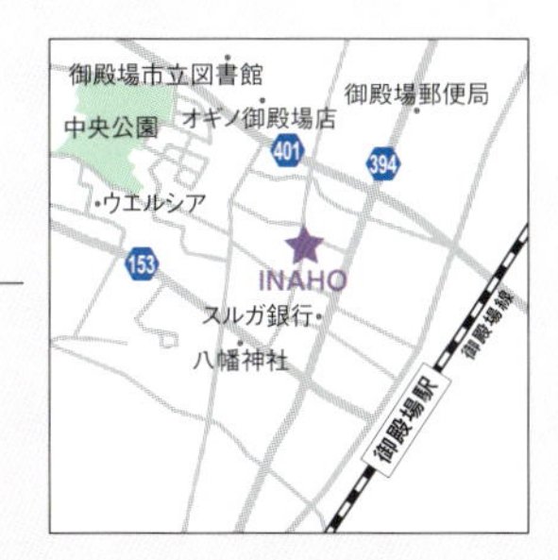

新鮮葉野菜と一緒に黒毛和牛を食す"健康焼肉"

炭火焼肉 おおむら

すみびやきにく おおむら

御殿場市

1_「特選上塩タン」1,980円は数量限定。厚切りタン特有のジューシーさとコリコリしながらもやわらかな食感がたまらない! 2_こぢんまりとした個室は、カップルや家族連れに人気。利用を希望するなら予約がおすすめ 3_「おおむら」自家製の白菜キムチ、カクテキ、オイキムチが味わえる「キムチ3種盛り」910円 4_一押し野菜メニューの「サンパセット」はぜひ頼みたい 5_シメに食べたい「石焼ビビンバ」1,000円にはハーフサイズ650円も。お腹の加減に合わせて選べる 6_七輪で肉を焼くスタイル。炭火に落ちた肉汁が奏でる音と匂い立つ香ばしさに、食欲が刺激される

メニューの一ページ目は野菜がズラリと並ぶ。焼肉店なのに肉じゃないのが意外だけれど、それもそのはず、この店は、黒毛和牛と富士湧水ポークを三島高原野菜と一緒に食べる"健康焼肉"を楽しむ店なのだ。野菜メニューの一押しは「サンパセット」。契約農家から届く朝獲れの新鮮野菜がたっぷり。七輪の炭火でじっくりじわりと焼いた肉を、この野菜で巻いて食べるのがおおむらスタイル。このサンパセットをオーダーするとおかわり一杯無料という心憎いサービスを受けられる。

肉のスタンダードメニューは国産黒毛和牛だが、ワンランク上の味を楽しみたいなら宮崎牛をぜひ。「宮崎牛堪能セット」なら、ロース、ハラミ、タン、カルビを味える。初来店ならぜひトライしたい一品。上質な脂を葉物野菜がやんわりと包み込み、いくらでも食べられそうな気がしてくる。

4種類の肉を味わえる「宮崎牛堪能セット」5,440円は、色々な部位を食べたい人にピッタリ。芳醇なコクがありながら口の中でサッパリと溶ける脂がたまらない

DINNER

和牛カルビ（1人前）　990円

宮崎牛カルビ（1人前）　1,110円

宮崎牛上ロース（1人前）　1,830円

おおむらーめん（醤油・塩・赤味噌）　980円

■ディナータイムの料金の目安　4,000円〜

炭火焼肉 おおむら

御殿場市新橋1941-1

☎0550-82-8881

16:00〜23:00（LO22:30）
金・土・祝前日〜24:00（LO23:00）　休 水曜

P 4台（目の前のコインパーキングと提携）

HP localplace.jp/t100323772/

【席数】カウンター席6、テーブル席30、座敷9席
個室4室（2〜8名）　【煙草】全席喫煙可
【予約】ある方がベター　【CARD】可
【アクセス】JR御殿場駅乙女口より徒歩1分

定食メニューが充実の和カフェでほっとひと息

隠れcafe びーだま

かくれカフェ びーだま

清水町

カフェ流定食「根菜の唐揚げ」1,080円。野菜をたっぷり食べられて、ボリュームも満点!

緑に囲まれた場所にある隠れカフェ。カラフルなビー玉に彩られたエントランスから店内へ。暖簾をくぐって入るカフェのメニューに目を向けると、定食や丼もののメニューがズラリと並ぶ。里芋、レンコン、ブリ、あんこう。並ぶ和の食材の名前に、思わずホッ。メニューを見ただけで、心をぎゅっと掴まれてしまう。

ぜひ味わってほしいのがカフェ流定食「根菜の唐揚げ」だ。人参、大根、ゴボウ、レンコンの中でも、異彩を放つのが大根の唐揚げ。頬張ればジュワーっと出汁が溢れ、ハフハフせずにはいられない。出汁と醤油で煮て唐揚げにしており、まるで肉汁たっぷりの鶏の唐揚げを頬張っている気分に。お米は地元・清水町の渡辺農園が育てる希少な古代米・緑米と白米をブレンドしたもの。朝獲れ野菜もたっぷり摂れるバランスのとれた定食は、年代問わず、多くの人に愛されている。

1_カフェ流定食「里芋と蓮根のコロッケ」1,000円。マッシュした里芋の中にコリコリとした食感を生み出すのはレンコンの角切り。しっかり味付けされているので、ソースはつけなくても美味　2_名物「和風フルーツパフェバー」は680円以上の食事とセットなら500円、パフェバーのみなら980円　3_カジュアルで居心地がいい　4_窓の向こうに緑が見える席もある

LUNCH & DINNER

カフェ流定食 ミックス唐揚げ（野菜&鶏）　1,280円
カフェ流ボウル　鶏のテリマヨ丼温玉乗せ　1,280円
おはしdeパスタ 牛すじボロネーゼ温玉乗せ　1,380円

■ランチタイムの料金の目安　1,700円～　■ディナータイムの料金の目安　1,700円～

隠れcafe びーだま

駿東郡清水町徳倉1181-1
☎ 055-941-6966
🕒 11:00～21:30（LO20:30。15:00～17:00はドリンクとパフェバーのみ）、水曜～15:00（LO14:00）
休 なし
P 20台　HP Facebookあり

【席数】カウンター6席、テーブル32席、個室1室（6名）
【煙草】全席禁煙　【予約】ある方がベター
【CARD】不可（PayPayのみ可）
【アクセス】東名高速沼津ICより車で約20分

酒飲みにはたまらない、バルスタイルの欧風料理店

craft beer+wine abierto

クラフトビア+ワイン アビエルト

三島市

1_スモークの香りとラムの風味が絶妙に絡み合う「スモークラムチョップ」1本750円　2_「豚レバーの炙りコンフィ」750円のしっとりと滑らかな食感は、低温調理によるもの。くせになる味わいに、リピーター続出　3_アンティークな雰囲気があって洒落ている　4_植物やドライフラワー、ドライリースが上手に取り入れられていて、落ち着く

楽寿園から佐野美術館へ向かう目抜き通り。右手に伸びる路地へ目を向けると、白い壁と木の扉が印象的な店がある。こちらは、欧風料理のほか、クラフト生ビールとワインを味わえるバルスタイルのお店である。

ビールは樽が開けば次の銘柄にチェンジ。グラスワインも同様だから、一期一会の楽しみがある。店内の黒板は、おつまみ手帖。グランドメニューの他に、季節のおすすめメニューが書いてある。どれも手と時間をかけて作られている。例えば、トリッパの煮込みは、トリッパを1時間半茹でこぼし、その後、ハーブとともに1時間半煮てこぼし、ひよこ豆を入れて3時間煮込んでようやく完成する。あっという間に食べてしまうのがもったいないと感じる料理は、そう思わせる時点で、お酒のお供として優れているということ。一人で飲む夜も、誰かと一緒に飲む夜も、美味しく楽しく彩ってくれる。

お店の人気メニューの1つ「トリッパとひよこ豆のマドリード風煮込み～三島産メークインのマッシュポテト添え」1,000円。柔らかなトリッパの食感が楽しい。三島は野菜が美味しいからこそ、できるだけ地の食材を使うように心がけているとオーナーの眞野貢さんは話す

DINNER

牛ミスジのステーキ バルサミコソース～旬の三島野菜添え～　1,900円
砂肝とマッシュルームのアヒージョ　800円
牛スジの赤ワイン煮込み1,000円

※季節によりメニューは異なる

■ディナータイムの料金の目安　3,500円～

craft beer＋wine abierto

三島市本町12-14コイケビル1F
☎055-943-9124
17:00～24:00
休 火曜、第3月曜
P なし　HP localplace.jp/t200351946/

【席数】カウンター6席、テーブル18席
【煙草】全席禁煙
【予約】ある方がベター　【CARD】可
【アクセス】JR三島駅南口より徒歩12分、伊豆箱根鉄道駿豆線三島広小路駅より徒歩6分

名門旅館の奥で粋に楽しむ隠れ家鉄板焼店

熱海大観荘 鉄板焼 松嘉庵

アタミタイカンソウ テッパンヤキ ショウカアン

熱海市

ランチの天城コース(7,000円)より、特選黒毛和牛のサーロインステーキ100g(右)と旬の鮮魚の鉄板焼。この日の肉は宮崎牛。ランチの伊豆・駿河コースは国産牛になる。一方、この日の魚は沼津港で揚がったイサキだが、香ばしい皮とふっくらした身のバランスが完璧

熱海駅を目と鼻の先に見下ろす山王山の緑の中に、悠然と構える老舗旅館・大観荘。その入り組んだ屋敷を最奥まで進むとたどり着くのが、完全予約制で利用できる鉄板焼店だ。佇まいはまさに隠れ家のようだが、一歩入れば、前面を窓で抜いた空間は明るく開放的で、町場の喧騒をしばし忘れさせてくれる。供されるのは、A4ランクの厳選黒毛和牛をはじめ、地物を中心とした新鮮な海山の幸。東京の一流ホテルで研鑽した光石シェフは、それら素材の特徴や状態を一つ一つ見極め、最上の状態に焼き上げて行く。「ただ、昔は私も料理はテクニックだと思っていましたが、今は愛情だなと(笑)」。確かな技術と気持ちで焼いたステーキは、旨みの余韻だけを残し、優しくとろける。さらにディナーは良質温泉の大浴場、ランチも足湯が利用できる特典付き。駅近で秘かに楽しむ至福の時間は、何とも贅沢だ。

1_アラカルトで味わえる「フォアグラのポワレ　赤ワインソース」（2,000円）はランチでも注文可。洋食出身の光石シェフは、ソース使いも素晴らしい　2_3_光石司シェフは、池袋のプリンスホテルやホテル日航東京で鉄板焼を修得した敏腕　4_ワインもフランス産を中心に、手軽なものから高級なものまで豊富にラインアップ　5_木々の緑と青い空を望む店内は、席もゆったりとして落ち着ける。日中だけでなく夜もライトアップされてロマンティックだ　6_ディナーは大浴場の入浴特典が付くが、ランチでも展望足湯を利用できる。「美肌の湯」と称される熱海の名湯もぜひ楽しんで

Menu

LUNCH		DINNER	
天城コース	7,000円	松嘉庵コース	13,500円
駿河コース	5,000円	相模コース	10,500円
伊豆コース	3,000円	熱海コース	7,500円

■ランチタイムの料金の目安　5,000円～　■ディナータイムの料金の目安　12,000円～

※価格はすべて税抜

熱海大観荘 鉄板焼 松嘉庵

熱海市林ガ丘町7-1
℡ 0557-81-8137（旅館代表）
営 11:30～14:00（LO）、18:00～21:00（LO）
休 水曜、第1・3火曜（メンテナンス等臨時休業あり）
P 40台　HP atami-taikanso.com/

【席数】カウンター10席、テーブル6席　【煙草】全席禁煙　【予約】完全予約制　【CARD】可　【アクセス】JR熱海駅より車で約3分または徒歩約7分　【備考】ディナー利用者には大浴場入浴特典あり、ランチ利用者は足湯の入浴可

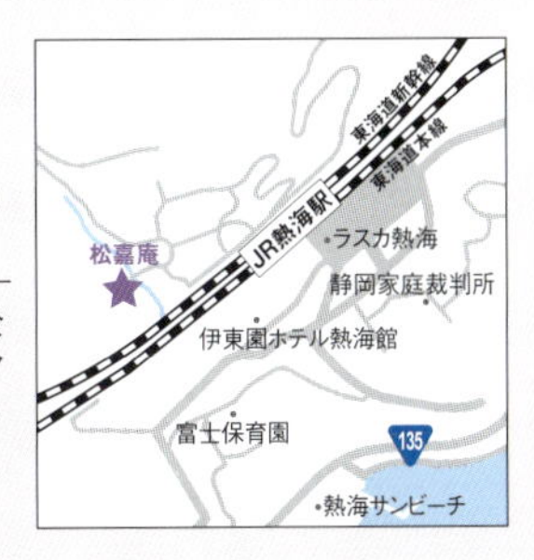

古民家で味わうラクレットチーズと自家製スモーク

古民家Dinning&Cafe 櫟

こみんかダイニング&カフェ いちい

御殿場市

Eastern Shizuoka Lunch & Dinner

友人とカジュアルに

欧風料理

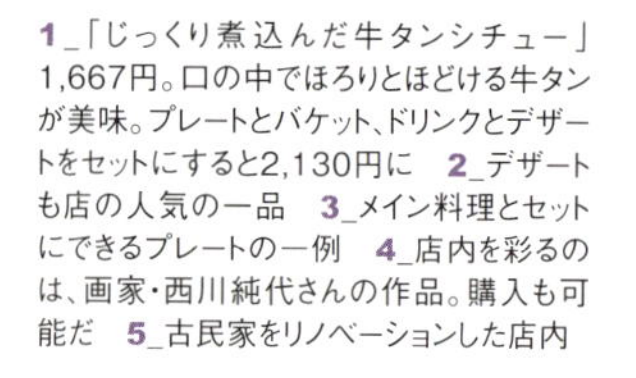

1_「じっくり煮込んだ牛タンシチュー」1,667円。口の中でほろりとほどける牛タンが美味。プレートとバケット、ドリンクとデザートをセットにすると2,130円に　2_デザートも店の人気の一品　3_メイン料理とセットにできるプレートの一例　4_店内を彩るのは、画家・西川純代さんの作品。購入も可能だ　5_古民家をリノベーションした店内

昭和の香りが残る木の建具。建築当時そのままの古いガラスの向こうには、青々とした竹林が広がる。静かな佇まいの古民家ダイニング&カフェでは、チーズ料理と自家製の燻製料理が味わえる。一押しは、ラクレットチーズを使った料理。フォンデュと並ぶスイスの代表的な料理であるラクレットは、専用ストーブでラクレットチーズの表面を溶かし、トロリと溶けたところを食材とともに食べる料理。こちらでは、自家製のベーコンとソーセージとともにいただく。チーズの香りと燻製のスモーキーな香りが融合し味わい深い。

ししゃもや半熟玉子、ホタテや豆腐など、今までにない燻製を味わえるのも魅力。前菜には、中がとろとろ、クリーミーな生モッツァレラ（ブラータ）も名を連ねる。どこか懐かしさを感じさせる店内で新しい料理を味わう、そんな温故知新を楽しめる店である。

「自家製ベーコンとソーセージのラクレットチーズ」1,852円。注文すると、熱々のベーコンやソーセージの上に、目の前でラクレットチーズをかけてくれる。サラダやキッシュなどが盛り合わせになったプレートとバケット、ドリンクとデザートをセットにすると2,315円で味わえる

LUNCH

ラクレットチーズのランチセット　2,315円
本日の日替わりメインメニュー　1,852円

LUNCH & DINNER

自家製ベーコンとソーセージのラクレットチーズ　1,852円
生モッツァレラ（ブラータ）　1,186円
スモーク盛り合わせ　1人815円（2名以上）

■ランチタイムの料金の目安　1,680円～　■ディナータイムの料金の目安　3,800円～

古民家Dinning&Cafe 櫟

御殿場市杉名沢306-1
☎ 0550-98-8710
11:30～15:00（LO14:00）
17:00～22:00（LO21:00）
休 月曜（不定休）
P 50台　HP ichii-g.com/

【席数】テーブル30席
【煙草】全席禁煙
【予約】ある方がベター　【CARD】可
【アクセス】御殿場駅から車で約10分

掲載店エリアMAP
本書掲載店の、おおよその所在地を示した地図です。
お出かけになる時の目安としてお役立てください。
↑Bianca(P046)
東名カントリークラブ
CIAO CIAO(P044)
新東名高速道路
東名高速道路
長泉沼津IC
長泉JC
沼津IC
下長窪
御殿場線
裾野市役所
すその
東中
清水館病院
中川原
佐野小
富士見ヶ丘洋らん園
三菱アルミ
三島カントリークラブ
諏訪神社
三島沢地工業団地
山中城跡
utsugumi(P082)
徳倉
龍澤寺
八幡神社
徳倉小
沢地小
山神社
子供の森公園
立木キャンプ場
函南ゴルフクラブ箱根カントリー
函南ゴルフクラブ富士カントリー
馬坂神社
駿河の湯
加藤学園暁秀高
246
沼津高専
長泉町役場
長泉中
東レ
しもとがり
みしま
日大三島高
日大短期部
かも公園
妙法結社
月光天文台
沼津東高
ふく田(P094)
沼津中・高
三嶋大社
コートドオール(P006)
玉沢
入谷
gawa Mishima(P018)
三島市役所
みしまひろこうじ
みしまたまち
佐野美術館
かんなみスプリングスカントリークラブ
高源寺
東海道新幹線
桑村小
竹倉
桑原
みしまふつかまち
CASCADE(P038)
La Ponche(P012)
Lapin Agile(P026)
ぬまづ
il germe(P032)
岡村記念病院
静岡医療センター
清水町役場
かんなみ
伊豆函南病院
東海道本線
136
沼津市役所
匠(P070)
会(P110)
OPERA(P020)
まきじ きざし(P064)
梅名の里
L'OASI(P050)
細沢
オムロン
南小
だいば
NTT東日本伊豆病院
函南町役場
平井
伊豆函南セントラル病院
畑毛
映(P066)
第三中
沼津商高
JA
たか嶋(P086)
びーだま(P118)
田方農高
いずにった
肥田神社
田方北署
大平小
大平中
御用邸記念公園
日守山
ばらき
静浦西小
伊豆中央道
稲荷神社
伊豆の国市役所韮山庁舎
伊豆マリンハーバー
414
韮山高
にらやま
成福寺
静浦小
P.D-FLY MARINA
静浦東小
慈広会記念病院
いずながおか
伊豆長岡温泉
長岡南小
順天堂大静岡病院
あわしまマリンパーク
伊豆の国市役所
長井崎
伊豆三津シーパラダイス
スカイライド
大仁北小
田京
田中山南公会堂
浮橋
たきょう
蔵春院
大仁東小
大仁中央
大仁小
ゆーサロン
大仁南
大仁中
三福
大野
定林寺
日本競輪学校
ぜんな(P098)
東照院
大野神社
おおひと
牧之郷
年川
下白岩
修善寺道路
まきのこう
新井旅館(P062)
Auberge Feliz(P106)
修善寺総合高
山神宮
志太スタジアム内野球場
上白岩
しゅぜんじ
三島
屯(P096)
沼津信金
商工会議所
市民文化会館
楽寿園
白滝公園
il Garbo(P056)
三島西教会
三島信金本店
伊豆国分寺
蓮馨寺
静岡銀行
たん観(P072)
abierto(P120)
三島信金
キミサワ
常林寺
キッチン空(P112)
林光寺
三島中央病院
三島駅周辺拡大MAP
沼津駅周辺拡大MAP
沼津
蓮光寺
円庵(P092)
ファミリーマート
con le mani(P042)
田沢医院
沼津信金本店
市立図書館
沼津一小
Baker's Dozen(P052)
静岡銀行
瀬尾記念病院
保健センター
沼津四小